# RESPUESTAS A 50 PREGUNTAS BÁSICAS PARA ENTENDER Y CRIAR A LOS HIJOS

## Conceptos Teóricos y Consejos Prácticos

*Mónica P. Diner*

*Ilustración: Daniel Ayala*

© Editorial: FORMACIÓN ALCA
Polígono Ind. El Retamal, parc
23680 ALCALÁ LA REAL (Jaén)
Telfs: 953 58 53 30 (12 líneas) -
info@faeditorial.es - www.faedi
info@formacionalcala.es - www.
Edita: FORMACIÓN ALCALÁ, S.L.
ISBN 978-84-9976-738-3
1ª Edición - Enero 2012
Depósito Legal: J- 2490-2011
Imprime: Editorial Zumaque

A mis queridos hermanos Jorge y Viviana.

A mis sobrinos, Juan, Thomas, Diego, Andrés y Mariano.

A Sonia, a quien no conocimos pero cuyo amor y valentía contribuyeron a formar esta familia.

A su hija Lina; que su recuerdo perdure con las hojas de este libro.

# Índice

# Agradecimiento

Quiero expresar mi enorme gratitud a mi hermano Jorge Diner, quien desde hace muchos años me viene alentando y ayudando en distintas áreas relacionadas con mi trabajo y que, en definitiva, determinó que pudiera publicar mis libros y videos.

Agradezco muy especialmente a mis colegas, las licenciadas Adela Bertella, Viviana Fernández, Silvia Neer, Mirta Rotman, Cristina Sans y al Dr. Alberto Wainer, por las valiosas ideas que me aportaron durante diversas etapas en la elaboración de esta guía.

A la licenciada F. Bernadou, mi permanente agradecimiento por sus innumerables sugerencias durante la redacción de este libro.

Y por último, deseo hacer extensivo mi agradecimiento a todos aquellos conocidos y amigos que, de un modo u otro, me ayudaron a llevar adelante esta labor.

# Introducción

*Si la humanidad fuese capaz de instruirse por la observación directa de los niños, yo podría haberme ahorrado la molestia de escribir este libro.*

**Sigmund Freud**

Los niños, lamentablemente, no siempre han sido objeto de atención por parte de los adultos. Es recién durante el siglo XX cuando se comienza a estudiar en profundidad al niño y a la familia en sus aspectos psicológicos. Por fortuna –y a partir de las diversas teorías que han ido surgiendo desde entonces– hoy estamos en condiciones de comprender muchos de los mecanismos que permiten que la vida de un niño transite por los caminos de la dicha.

Es que *ser padres* nunca ha sido una tarea fácil, y en el mundo moderno –que nos impone cada vez más exigencias– se ha convertido en un trabajo mucho más complejo. Sin embargo, en mis años de intercambio con muchísimos padres he percibido que la mayoría de ellos saben en forma intuitiva cómo criar y cuidar a sus hijos en diversas situaciones de la vida. Pero también he notado que, en muchas otras ocasiones, tienen grandes dudas e incluso, en ciertos momentos, directamente no tienen idea de qué deben hacer. Tengo la esperanza de que este trabajo –al aportar información, opinión e ideas provenientes de profesionales– represente una gran ayuda para todos los padres.

Esta Guía les permitirá incorporar una gran cantidad de conocimientos, aclarar dudas y también reflexionar sobre sus propias creencias, todo lo cual favorecerá definitivamente el desarrollo de los hijos y de la familia. En el presente libro, he recopilado las que considero las cincuenta preguntas más frecuentes que se hacen los padres con respecto a la crianza de sus hijos desde el nacimiento hasta la adolescencia, y cuyas respuestas son fundamentales para el bienestar psicofísico de éstos. Pero debido a que todo lo que le ocurre al niño en los comienzos de su existencia va a determinar mayormente su posterior desarrollo, pondremos el énfasis en los primeros años de vida.

Quiero aclarar que aquí abordaremos aquellos puntos en los que el desarrollo del niño se entrecruza con factores psicológicos, sin detenernos de manera específica en temas relacionados con la alimentación, el sueño, las enfermedades, los accidentes, y otros puntos de exclusivo dominio de la consulta al pediatra, salvo cuando ellos ameriten una consideración psicológica especial. Esto es así ya que mi intención primordial al elaborar esta obra ha sido la de transmitir los significados y mecanismos psicológicos que subyacen tras las conductas de hijos y padres, en temas que son de importancia para el desarrollo del niño y cuya comprensión permitirá a los padres tomar sus propias decisiones con fundamento. Claro que por supuesto, también brindaremos algunas pautas prácticas apropiadas a diversas situaciones.

Desde ya que considero que cada uno de los temas que abarca esta Guía puede ser desarrollado con muchísima mayor extensión tanto desde el punto de vista teórico como en los consejos prácticos a seguir. Es más: cada tema podría conformar por sí solo un libro entero. Pero como *toda obra debe fijarse sus propios límites*, en mi caso he optado por ofrecer una visión que abarca desde el nacimiento hasta la adolescencia dado que de este modo se pueden comprender mejor muchos de los mecanismos que determinan el desarrollo evolutivo del niño, siguiendo principalmente la línea que va de la dependencia total del recién nacido a la independencia propia del ser adulto normal.

Son los padres quienes –ayudados por profesionales: médicos, psicólogos, maestros, etc.– deberán tomar las medidas preventivas necesarias para promover el bienestar de los hijos desde el inicio, detectar precozmente sus dificultades e implementar los métodos adecuados para solucionarlas cuanto antes.

El niño sólo puede entenderse en su interrelación con los padres y la sociedad en la que vive, y para que se desarrolle favorablemente necesita de los aportes permanentes de la familia y la comunidad. Y, dada la variedad de culturas y las características particulares de cada familia, siempre es necesaria la consulta con el médico y/o el psicólogo especializado, que son los profesionales habilitados para proponer estrategias concretas para cada niño y su grupo familiar. Lo que esta obra intenta, precisamente, es ser un aliado en esa difícil pero hermosa tarea.

# PARTE I

## Etapa Infantil

# Capítulo 1

## El significado del hijo

*Para mí, que no creo en el más allá, mi hija era una garantía de inmortalidad, la única cosa eterna.*

**August Strindberg,** *dramaturgo sueco*

Tras un período inicial en la pareja en el cual cada uno se siente completo con el otro, suele surgir el deseo de un hijo. Aunque muchas veces este deseo es consciente, también puede ser un deseo que los padres no logren reconocer tan claramente. En forma generalizada podemos decir que detrás del deseo de tener un hijo existe el anhelo, propio de todos los seres humanos, de sentirse completos e inmortales. Para algunos especialistas, esto significaría lograr a través de los hijos aquello que por sí mismo ningún ser humano puede lograr. Esto es: concretar todos sus deseos y, en última instancia, vencer a la muerte.

## 1. ¿Qué significa un hijo para los padres?

Los sentimientos de los padres hacia su niño dependerán en gran parte del significado que un hijo tenga para ellos. Este significado estará teñido de las expectativas, deseos y frustraciones de sus progenitores, y de la clase de vínculo que éstos tengan o hayan tenido entre sí y con otros hijos y/o familiares. Por ejemplo los padres —en la mayoría de los casos— esperan que la llegada de un hijo *les sirva* para realizar las metas que ellos no lograron: convertirlo en su propia imagen para trascender en el tiempo; sustituir a un ser querido; enriquecer el vínculo de la pareja; reparar una relación conyugal deteriorada. Pero en cualquiera de los casos, los padres tienen que evitar cargar al hijo con demasiadas expectativas propias. Para eso deben recordar siempre que el hijo, a pesar de ser una *prolongación* de ellos, es a la vez alguien *único y diferente*, con sus propios deseos y capacidades.

➔ **Los significados del hijo para los padres pueden ser:**
- ✓ *Realizar las metas que ellos no lograron.*
- ✓ *Convertirse en su propia imagen.*
- ✓ *Sustituir a un ser querido.*
- ✓ *Enriquecer el vínculo de la pareja.*
- ✓ *Reparar una relación conyugal deteriorada.*
- ✓ *Trascender después de la propia muerte.*

Pero por otra parte, el hijo puede también ser percibido como un factor que obstaculiza la situación conyugal o laboral. En algunas parejas puede incluso no aparecer el deseo del hijo, o aparecer sólo para uno de ellos. Y a su vez puede ocurrir —y de hecho ocurre en muchísimos casos— que un hijo no deseado o no buscado se transforme en motivo de gran dicha para sus padres a partir del embarazo, del parto o en cualquier otro momento.

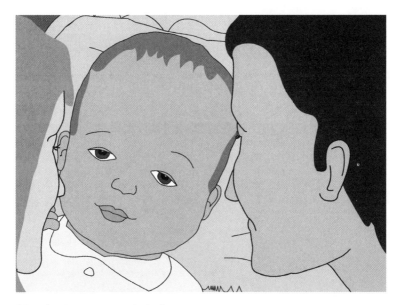

*¡Qué lindo es nuestro bebé!*

## 2. ¿Qué son los sentimientos ambivalentes?

Cuando se trata de los propios hijos, especialmente si son pequeños, hay un tema acerca del cual no es muy habitual ni fácil hablar, y es el tema de la ambivalencia. Si bien la ambivalencia (o coexistencia de dos sentimientos opuestos) puede en casos extremos llegar a conformar cuadros patológicos –en forma independiente de la paternidad o maternidad– los padres no deberían sentir temor ante la aparición de estos sentimientos, ya que los mismos son muy frecuentes durante la crianza de los hijos. Esto ocurre, por ejemplo, cuando se mezcla la alegría de convertirse en padres con la preocupación por la responsabilidad de criar a un nuevo ser, por la pérdida de la libertad u otras limitaciones (relacionadas al trabajo, al estudio, etcétera) que para algunos padres pueda implicar la llegada de un hijo.

→ **La ambivalencia puede ser:**

✓ *La coexistencia de dos sentimientos opuestos.*

✓ *Sentir la alegría por tener un hijo y miedo a la responsabilidad de su crianza.*

19

Es importante conocer la existencia de los sentimientos de rechazo que puedan surgir, para que en lugar de experimentar culpa se llegue a integrar ambos afectos, lo que permitirá tolerar los sentimientos negativos y, fundamentalmente, no convertirlos en actitudes perjudiciales para el niño.

¡Es nuestro tesoro!

**PARA REFLEXIONAR: El significado del hijo**

Los padres tienen que evitar cargar al hijo con demasiadas expectativas propias. Para eso deben recordar siempre que el hijo, a pesar de ser una *prolongación* de ellos, es a la vez alguien *único y diferente* con sus propios deseos y capacidades.

Es importante que los padres conozcan también la existencia de los sentimientos de rechazo para que se puedan integrar ambos afectos y así tolerar los negativos y no llevarlos a la acción.

# Capítulo 2

## Las funciones familiares

*Tener hijos no lo convierte a uno en padre,*
*del mismo modo que tener un piano no lo vuelve pianista.*

**Michael Levine,** *músico estadounidense*

El nacimiento de un hijo implica reorganizar el espacio y el tiempo propio de la pareja para dar lugar a la inclusión de un tercero. Mientras que algunas parejas prefieren planificar este gran acontecimiento, otras optan por dejarlo librado al azar. Con el nacimiento de su primer hijo, la pareja pasará a constituir –simultáneamente– una familia, que será el ámbito donde el recién nacido deberá crecer y desarrollarse como individuo.

La estructura familiar se organiza a través de tres funciones: materna, paterna y filial. Según cómo éstas sean ejercitadas será la evolución del desarrollo familiar y, por ende, del hijo.

## 3. ¿Existe un modelo ideal de familia?

En la actualidad, la familia –que tradicionalmente estaba constituida por una mujer (la madre biológica), un hombre (el padre biológico), uno o más hijos/as y en algunos casos abuelos o abuelas– se ha diversificado enormemente dando lugar a una variedad de *clases de familias*, entre las que se hace necesario destacar las siguientes:

- ◆ **Familia tradicional:** formada por la madre biológica, el padre biológico, uno o más hijos/as y, en algunos casos, abuelos/as.

- ◆ **Familia de padres separados:** la pareja de padres se forma con uno o ambos padres separados que tienen uno o más hijos, algunos en común y otros provenientes del matrimonio anterior.

- ◆ **Familia de padres del mismo sexo:** la pareja de padres es del mismo sexo (femenino o masculino) y tienen uno o más hijos adoptados, o hijos en cuya concepción interviene una persona externa a la pareja.

- ◆ **Familia de jefe único de hogar:** son familias –cada vez más frecuentes– que están comandadas por un solo integrante: madre o padre solteros, separados o viudos a cargo de sus hijos.

| → Las familias actualmente pueden estar constituidas por: |
| --- |
| ✓ *Padre y madre biológicos e hijo/s.* |
| ✓ *Padres separados e hijo/s.* |
| ✓ *Padres del mismo sexo e hijo/s.* |
| ✓ *Padre o madre solo e hijo/s.* |

¡Mi hermoso bebé!

En todos los casos, tanto en las familias *tradicionales* como en las nuevas modalidades familiares, existen *tres funciones básicas*, que son fundamentales para el desarrollo de la familia y del niño:

◆ **La función materna:** que aglutina, tiende a la fusión y a los vínculos indiscriminados.

◆ **La función paterna:** que separa y limita, y simboliza a la cultura y la sociedad.

◆ **La función filial:** que se orienta al futuro, transitando desde la dependencia originaria hacia la individuación adulta.

En algunas situaciones particulares, puede ocurrir que sea uno solo de los padres el que deba cumplir ambas funciones. En otros casos, según las características de la personalidad de los padres, las funciones materna y paterna pueden estar intercambiadas o, en el caso de padres de un mismo sexo, cada uno de los integrantes de la pareja puede adjudicarse una función específica.

Pero también las funciones familiares pueden ser ejercidas por otras personas externas a la pareja. En algunos casos la función paterna o materna, o ambas, es ejercida por algún familiar, padrino, madrina, maestro/a, cuidador. Esto puede ocurrir en el caso de que uno de los padres o ambos se encuentren ausentes por distintas circunstancias, como por ejemplo: enfermedad prolongada, incapacidad psíquica o mental, pobreza extrema, prisión, muerte o, en el caso de malos tratos y/o abuso sexual.

## 4. ¿Cómo se caracterizan las funciones materna y paterna?

Durante los primeros meses de vida, la madre y el bebé conforman una simbiosis necesaria, donde se confunden el uno con el otro; en el primer período del recién nacido la madre se ocupa intensa y exclusivamente de su bebé –quien fuera parte de su cuerpo durante el embarazo y a quien ahora cuida y amamanta– tratando de recrear ese estado ideal que tenía el bebé antes de nacer.

Instintivamente, la función materna se aboca a aquellas actividades que transcurren dentro del *nido*: cuidado físico del niño –la alimentación, el abrigo, el sueño– y también al intercambio de manifestaciones afectivas como besos, caricias, palabras gratificantes. Esta función –que también puede ser ejercida por una persona distinta de la madre, incluso del sexo opuesto– debe su denominación *materna* y sus características al modo en que se relaciona la madre biológica con su bebé, dado el estado de inmadurez e indefensión en que éste llega al mundo.

Más adelante, la intervención del padre en este vínculo exclusivo madre-hijo permitirá al niño comenzar a individualizarse, al ir tomando conciencia de sí y del mundo que lo rodea. En esta etapa el padre ejerce la función de *romper* ese vínculo simbiótico para permitir que el hijo se vaya independizando e ingrese al mundo de la sociedad y la cultura. Por eso se caracteriza a la función paterna como aquella más ligada al mundo exterior: la obtención de medios de supervivencia, la adquisición de conocimientos y normas, la actividad física, las relaciones amistosas y los roles sociales. Esta función –que también puede ser ejercida por una persona que no sea el padre, incluso de otro sexo– tiene sus raíces en la necesidad de los seres humanos de integrarse a la sociedad a medida que crecen, no sólo para sobrevivir sino también para asumir sus propios destinos. Y para lograr este fin se hace necesaria una figura que ayude gradualmente a separar al hijo de la madre.

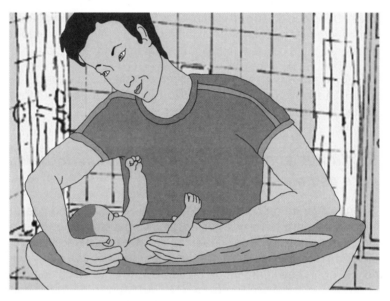

¡Le gusta que el papá lo bañe!

| → Las funciones familiares se caracterizan por: |
| :--- |
| ✓  *Función materna: el cuidado físico y emocional del hijo.* |
| ✓  *Función paterna: el contacto con el mundo exterior.* |
| ✓  *Función filial: la tendencia hacia la individuación.* |

El padre debe colaborar desde el comienzo no sólo con el sostén material del hogar, sino también con las diversas tareas de bañar a su hijo, cambiarlo, alimentarlo, pasearlo, jugar, ayudarlo a que se duerma, etcétera; así será más fácil la relación posterior con él. El padre debe encontrar la manera de participar en el estrecho vínculo madre-hijo, adaptándose a las necesidades de cada etapa del desarrollo. Su participación va a permitir a la vez un mejor ejercicio de la función materna (con la cual colabora), la individuación del hijo (quien se va separando progresivamente de la mamá para poder crecer) y el mantenimiento de las relaciones conyugales.

Para que el padre pueda intervenir en ese fuerte vínculo, la madre tiene que dejarle un espacio. Las funciones materna y paterna deben poder integrarse y flexibilizarse en las diferentes etapas de la vida, en las cuales puede predominar una u otra función.

Pero las cosas no siempre ocurren de este modo y son diversos los motivos que pueden interferir y dificultar en el hombre el pleno ejercicio de su función paterna.

## 5. ¿Cuáles son las dificultades más habituales para asumir la paternidad?

Aun cuando un hombre esté muy feliz con la llegada de su hijo, no siempre le resulta fácil asumir la paternidad en forma inmediata y/o total. Aquí debemos señalar que para el padre, el nacimiento del hijo es el primer contacto *físico* con el pequeño, mientras que la madre ha estado físicamente vinculada a él durante nueve meses. Eso hace que cierta lentitud o dificultad masculina sea bien comprensible e incluso esperable, pero a veces esto se intensifica o se prolonga demasiado en el tiempo.

Entre las causas más frecuentes por las que algunos hombres no logran asumir plenamente la paternidad figuran el identificar la crianza con un rol femenino y la dificultad de la mujer en aceptar la intervención de un tercero. También puede haber celos por el sólido vínculo madre-hijo en los primeros meses, rivalidad entre los cónyuges e incluso desconfianza sobre la legitimidad del hijo.

→ **Las dificultades para asumir la paternidad pueden ser:**

✓ *Identificar la crianza con un rol femenino.*

✓ *Dificultad de la mujer en aceptar a un tercero.*

✓ *Celos por el vínculo madre-hijo.*

✓ *Desconfianza sobre la legitimidad del origen del niño.*

Los padres deben poder conversar y ponerse de acuerdo entre ellos en todos los temas relativos a la crianza.

Además de sus funciones parentales, los padres siguen siendo una pareja. Si tienen su propio espacio como pareja, también le brindarán a su hijo un espacio propio. Por eso, el bebé debe tener su cuna desde el comienzo y alrededor de los cinco meses su cuarto o lugar. El cambio del bebé del cuarto de los padres al suyo propio debe ser paulatino y es esperable que para dormirse necesite de la presencia de uno o ambos padres –para atravesar el pasaje del estado de vigilia al sueño–, y esta necesidad debe ser cubierta.

El famoso *beso de las buenas noches*, las cajitas musicales, las canciones de cuna o los *cuentos para irse a dormir*, unidos a un ambiente de tranquilidad, no sólo son necesarios para la conciliación fisiológica del sueño, sino que contribuyen enormemente a la sensación de seguridad del niño de sentirse protegido y querido. Además, éstos son momentos especiales para construir y alimentar el vínculo afectivo con los padres, quienes pueden alternarse en estas tareas nocturnas.

**PARA REFLEXIONAR: Las funciones familiares**

Es tan importante el período inicial de fusión de la madre con el hijo como la posterior intervención del padre, que permitirá al hijo separarse lentamente hasta llegar a ser una persona independiente.

Para que el padre pueda intervenir en el vínculo madre-hijo es necesario que la madre le deje un espacio.

Las funciones materna y paterna pueden ser cumplidas por otras personas, diferentes de los padres. Incluso, ambas funciones pueden ser ejercidas por cualquiera de los sexos o simultáneamente por la misma persona o progenitor.

Los padres siguen siendo una pareja y si tienen su propio espacio también le brindarán a su hijo un espacio propio. Por eso, el bebé debe tener su cuna desde el comienzo.

# Capítulo 3

## El recién nacido

*No existe una cosa así como un bebé, en realidad lo que existe es la unidad bebé-madre o bebé-cuidados maternos.*

**Donald Winnicott,** *pediatra y psicoanalista inglés*

Al nacer, el bebé pierde ese estado de completud donde sus necesidades se satisfacían automáticamente. Debe comenzar a obtener el alimento y sólo puede mantenerse vivo con la ayuda de otras personas. Además, está expuesto a estímulos sensoriales, como la luz y los ruidos, que son mucho más intensos y agresivos que en el útero.

### 6. ¿Con cuánta prisa debe atender la madre las demandas del recién nacido?

Al comienzo, el bebé no puede diferenciarse del mundo que lo rodea: él y su mamá constituyen una unidad. Desde los primeros días, el bebé es un ser humano con necesidades que deben ser satisfechas sin demora y de acuerdo a sus demandas. Como aún no posee capacidad de espera, el hambre o el dolor provocan en el recién nacido un sentimiento de angustia intolerable, que los psicoanalístas han denominado *angustia de aniquilación o catastrófica*, pues todavía *no sabe* si alguien va a venir a satisfacerlo.

A medida que pasan los días y el bebé aprende que cuando llora van a acudir a atenderlo, aumenta su capacidad de espera y, de a poco, va incorporando los horarios de las comidas y el sueño, lo cual hace que su actividad cotidiana comience a adquirir un ritmo regular.

| → El recién nacido debe ser satisfecho sin demora porque: |
|---|
| ✓ *No tiene capacidad de espera.* |
| ✓ *Se angustia porque aún no sabe si van a satisfacerlo.* |

¡Ya estoy aquí!

Por su parte, la madre también va aprendiendo a diferenciar los diversos tipos de llantos como el de dolor, hambre, incomodidad, frío, calor, fatiga o tensión, entre otros, lo que le permite acertar con la respuesta más adecuada a cada necesidad o demanda de su bebé.

*¿Qué le estará pasando?*

## 7. ¿Cómo pueden los padres entender las necesidades del bebé?

Es importante tener en cuenta que cada niño es único y diferente, tanto desde el punto de vista físico como emocional e intelectual, y que su desarrollo puede no ser parejo en las distintas áreas, como tampoco es parejo el desarrollo de los distintos niños entre sí. Cada bebé reacciona de distinta manera al hambre, al sueño o a la incomodidad. A través de la respuesta de satisfacción o desagrado que el bebé manifieste, los padres irán aprendiendo por sí mismos cómo satisfacer las necesidades de su bebé. Por eso es importante para los padres observar y entender cada vez mejor las características de su propio hijo, sin angustiarse cuando no coinciden exactamente con lo que les ocurre a otros bebés.

→ **Los padres pueden entender las necesidades de su bebé:**

✓ *Observando sus respuestas de satisfacción o desagrado.*

Además de la ayuda del pediatra, los padres también pueden intercambiar opiniones con otros padres y/o con familiares y amigos que estén pasando o hayan pasado por la experiencia de ser padres.

| PARA REFLEXIONAR: El recién nacido |
|---|
| Al nacer, el bebé pierde ese estado de completud donde sus necesidades se satisfacen en forma automática. Y cuando esas necesidades no se satisfacen inmediatamente es invadido por una angustia denominada *catastrófica*. |
| A medida que pasan los días y el bebé aprende que cuando llora van a acudir a atenderlo, aumenta su capacidad de espera. |
| Cada bebé es único y diferente a todos los demás, por lo tanto, hay que prestar atención a sus propias y exclusivas características. |

# Capítulo 4

## Las necesidades emocionales

*Por una mirada, un mundo; por una sonrisa, un cielo;*
*por un beso... yo no sé qué te diera por un beso.*

**Gustavo A. Bécquer,** *poeta español*

Además del cuidado físico (alimentación, sueño, abrigo, higiene y protección ante los estímulos fuertes), el bebé necesita, desde que nace, del cariño y amor de sus padres. Aunque pueda pasar ciertos períodos del día durmiendo o entreteniéndose consigo mismo, el niño es un ser social que requiere la compañía y el estímulo de un adulto.

### 8. ¿Cómo pueden los padres satisfacer las necesidades emocionales del bebé?

El bebé necesita que le brinden caricias y arrullos; necesita del sostén, del contacto piel a piel y de la mirada afectuosa de los padres. Estas manifestaciones de afecto son para el bebé tan importantes como la satisfacción de sus necesidades orgánicas.

> → **Los padres pueden satisfacer las necesidades emocionales brindando:**
> ✓ *Caricias.*
> ✓ *Arrullos.*
> ✓ *Contacto.*
> ✓ *Mirada afectuosa.*

A la vez, como el bebé registra todo lo que ocurre en el ambiente que lo rodea, requiere de un clima familiar cálido y tranquilo, que lo estimule pero sin excesos.

¡Qué suavecito es mi bebé!

## 9. ¿Cuál es la importancia de amamantar?

Durante el amamantamiento el bebé, además de la leche materna –que tiene un valor nutritivo e inmunológico superior a otras leches– recibe el alimento afectivo del sostén, del contacto piel a piel y de la mirada materna.

Por eso es siempre conveniente tomar la decisión de amamantar, aunque muchas veces algunas falsas creencias –sobre la calidad o la cantidad de leche– pueden frustrar esta experiencia tan positiva para el vínculo madre-hijo. Aun cuando al comienzo del amamantamiento haya poca leche, es importante para la madre saber que cuanto más mama el bebé más leche produce y que aunque ésta sea aguada ello no significa que no sea nutritiva.

Pero incluso si ocurre que el bebé deba ser alimentado a biberón, lo más importante sigue siendo ese contacto íntimo con la madre. El padre, al igual que la madre, puede brindar al niño afecto a través de mecerlo, las caricias, los arrullos, la mirada, y cuando el niño comienza a ser alimentado a biberón puede compartir esta actividad con la madre.

➜  **Durante el amamantamiento el bebé recibe:**

✓  *El alimento nutritivo inmunológico.*

✓  *El alimento afectivo del sostén, del contacto y la mirada.*

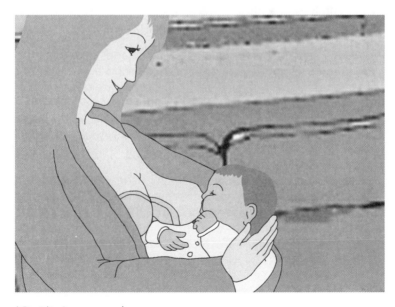

*¡Qué lindo que eres!*

Dado el vínculo afectivo tan intenso que el bebé establece con la madre, es importante que el pasaje de la alimentación a pecho o a mamadera hacia las papillas y sólidos se haga en forma muy gradual, como todos los cambios.

El destete es el primer cambio importante en la vida del niño porque el vínculo con su mamá es muy fuerte. Por eso debe hacerse en el momento propicio (la salida de los dientes suele ser un buen indicador) y en forma paulatina: sustituyendo progresivamente el pecho por la mamadera, ésta por las papillas y luego por los sólidos, para que la angustia de pérdida pueda ser tolerada. Además, este primer gran cambio determinará el modo en que el niño enfrentará muchas de las futuras situaciones de cambios y pérdidas que atravesará en su vida.

Por otra parte, el comienzo de la ingesta de alimentos sólidos hará que se modifique la relación de contacto corporal que mantenían el bebé y la mamá, dado que pasará del sostén materno a sentarse separado de ella por cierta distancia. Este cambio no sólo es físico sino que también desde lo psicológico el niño empezará a experimentar cierta sensación de autonomía. Esta incipiente independencia le permitirá comenzar a optar por ciertas comidas y rechazar otras o, directamente, negarse a probar bocado.

Todos estos aspectos que están vinculados a la alimentación pueden ser motivo de gran preocupación o angustia por parte de la madre. Además, esto sucede porque desde que el niño intenta comer sin la ayuda de la madre hasta que aprende a hacerlo correctamente, su búsqueda de autonomía puede llegar a convertir el momento de la comida en una verdadera *batalla campal*.

Para evitar ser invadidos por la angustia y la ansiedad en situaciones como éstas, los padres tienen que poder aceptar que el camino del crecimiento del niño implica un proceso de ensayo-error y de progresiva independencia, y que para lograrlo necesita del permanente afecto, paciencia, comprensión y apoyo de los padres.

**PARA REFLEXIONAR: Las necesidades emocionales**

Las necesidades emocionales del bebé son tan importantes como las físicas.

Durante el amamantamiento (o la alimentación a biberón) el bebé recibe, a la vez, el alimento nutritivo y afectivo.

El destete es el primer cambio importante en la vida del niño y deberá hacerse gradualmente.

# Capítulo 5

## El primer vínculo

*El niño encuentra a su madre cuando ha salido de sus entrañas.*

*Y porque he sido separado de ti y lanzado lejos de tu umbral, soy libre de contemplar tu rostro.*

**Rabindranath Tagore,** *poeta hindú*

El estado de absoluta indefensión y dependencia en que nace un niño hace que el mismo requiera de la atención y cuidado permanentes de la madre o persona que cumpla con la función materna, alguien que lo comprenda, satisfaga y proteja.

### 10. ¿Cuál es la importancia del primer vínculo?

El cuidado y amor que la madre brinda al hijo para satisfacer las necesidades físicas y emocionales de éste permitirá al niño ir adquiriendo confianza en sí mismo y en el mundo exterior. Durante los primeros meses de vida el bebé necesita ser atendido dentro de lo posible por una misma persona, que establezca una rutina diaria de pautas en las actividades (alimentación, higiene, sueño) y que lo comprenda en su manera de expresar sus necesidades, para que pueda así ir asimilando más fácilmente el mundo, que al comienzo se presenta confuso y caótico. Le será más fácil y tranquilizador desarrollarse en un ambiente en el que puede anticipar cuándo y cómo lo van a tratar. En la mayoría de los casos esta persona es la mamá, pero ello no quita que pueda recibir ayuda de terceros —que también forman parte del mundo que rodea al bebé— o ser incluso suplantada en forma temporaria en caso de ser necesario (por ejemplo, si tiene que reintegrarse a su trabajo).

➔ **El primer vínculo afectivo del bebé es muy importante:**

✓ *Para adquirir confianza en sí mismo y en el mundo.*

El primer vínculo afectivo del niño, decisivo para su desarrollo psicológico, se establece con la persona que satisface sus primeras necesidades. El bebé reconocerá a la madre por su voz, su olor, su mirada, y por los latidos del corazón que ya escuchaba desde antes de nacer.

## 11. ¿Qué significa la primera sonrisa del niño?

Si bien muchos bebés *sonríen* desde el nacimiento, es recién entre el segundo y tercer mes cuando la sonrisa del bebé *significa algo* al mirar el rostro de la madre y muestra el establecimiento de un vínculo afectivo con otro: comienza a reconocer a la madre como alguien diferente de él. Éste es el primer indicio de que el niño está saliendo del estado de indiferenciación donde él y la madre constituían una unidad.

➔ **La respuesta de sonrisa del tercer mes ante el rostro:**

✓ *Empieza a reconocer a la madre como alguien diferente a él.*

✓ *Muestra el comienzo del primer vínculo afectivo.*

También a partir del tercer mes, el bebé sonríe ante la observación del conjunto de la boca, nariz y ojos (vistos de frente y en movimiento) de cualquier adulto. Por eso se puede decir que esta sonrisa representa una etapa importantísima en el desarrollo mental infantil: el reconocimiento del rostro humano.

¡Mira cómo me sonríe!

## 12. ¿En qué consiste ese objeto preferido por el bebé?

A partir de los cuatro meses, aproximadamente, se puede observar que un juguete, objeto o canción suele ser el preferido del niño, especialmente a la hora de dormir, y luego lo acompaña a todas partes. Puede ser un osito, la sabanita, la almohada o un cantito, y es el indicio de que el niño está en la etapa de transición entre el estado de fusión con la madre y el estado de diferenciación con ella, como una persona distinta de él. Este objeto, que puede considerarse una representación simbólica de la madre, le permite sentirse acompañado cuando ella está ausente y tolerar la angustia de separación.

> → **El objeto preferido por el bebé:**
> ✓ *Es un juguete, la almohadita, la sabanita, un cantito o cualquier objeto o actividad que el niño valore.*
> ✓ *Puede considerarse una representación de la madre.*

Dado que el niño le otorga tanto valor a ese objeto, se aferra a él, sin permitir que se lo quiten. Y en esta etapa, no se lo debe separar de él.

## 13. ¿Qué significa el llanto del niño ante un desconocido?

Entre los seis y ocho meses, cuando la madre intenta dejar al bebé con un extraño, suele aparecer una reacción de llanto y angustia; el niño intenta aferrarse a la madre para que ésta no se vaya. Esto indica que el bebé ya puede, entre todas las personas, diferenciar bien a la madre.

> → **El llanto del octavo mes ante un desconocido:**
> ✓ *Indica que el niño puede diferenciar a la madre de todos los demás.*

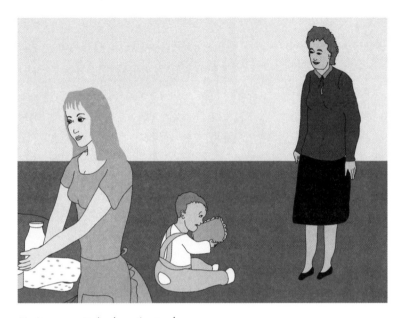

*No tengas miedo, ¡aquí estoy!*

La ausencia –pero también la exageración– de esta angustia de separación o angustia ante un extraño pueden indicar algún problema emocional.

**PARA REFLEXIONAR: El primer vínculo**

El bebé necesita ser atendido dentro de lo posible por una misma persona, que lo comprenda y satisfaga.

Es con la persona que se ocupa de satisfacer las necesidades del recién nacido –madre biológica, madre adoptiva u otro sujeto– con quien se establece el primer vínculo afectivo, tan importante para su posterior desarrollo.

La sonrisa del tercer mes ante el rostro de la madre, el objeto preferido y el llanto del octavo mes ante un desconocido, son las pautas que muestran la transición que hace el niño desde el estado de fusión inicial con la madre hasta su diferenciación de ella.

# Capítulo 6

## El juego

*Los juegos de los niños no son juegos, y hay que juzgarlos en ellos como sus acciones más serias.*

**Michael de Montaigne,** *escritor y filósofo francés*

La actividad fundamental del niño durante los primeros años es jugar. Es jugando como el niño comienza a prepararse para vivir en el mundo adulto. Por eso, es conveniente que el niño tenga un lugar en la casa donde pueda realizar sin peligro sus juegos, en especial cuando comienza a gatear y a trepar.

### 14. ¿Por qué jugar es tan importante para el niño?

A través del juego el niño se irá conociendo a sí mismo y al mundo de las personas y las cosas. Jugando aprenderá a controlar la angustia y a descargar la tensión propia del proceso de crecimiento, a practicar roles que luego ejercerá de grande y también a discriminar progresivamente entre fantasía y realidad.

El juego no sólo le brinda placer al niño, sino que le permite el desarrollo de la afectividad y la inteligencia. Además, desde que el niño nace, la actividad motriz es indispensable para el desarrollo de la destreza física pero también para el desarrollo mental, como por ejemplo la construcción de las nociones de espacio y tiempo.

→ **El juego es importante porque permite al niño:**

✓ *Conocerse a sí mismo y al mundo que lo rodea.*

✓ *Controlar la angustia y descargar tensiones.*

✓ *Discriminar progresivamente entre fantasía y realidad.*

✓ *Practicar roles que luego ejercerá de grande.*

*¡Qué lindas manitas!*

Lo que los adultos denominamos *juego de los niños*, es para ellos la principal actividad que deben desarrollar para poder crecer emocional e intelectualmente. Por eso, cuando un niño juega su tiempo debe ser respetado. Por ejemplo, a la hora de comer o de dormir, no debe interrumpirse abruptamente su juego como si éste fuera una actividad trivial, porque en verdad es todo lo contrario: el niño está realizando una tarea muy importante y para no sentirse angustiado necesita disponer de un tiempo para terminarla. Por eso, es conveniente que los padres tomen por costumbre avisar a su hijo –unos momentos antes– que la hora de comer o dormir se aproxima.

El juego es una actividad que el niño puede hacer solo o en compañía, y esto dependerá de cada etapa. Así, a los dos años puede jugar algunas horas en compañía de otros niños de su edad, pero todavía cada uno desarrolla su propio juego o se imitan entre ellos. Es lo que se llama *juego en paralelo*. A los cuatro años, en cambio, ya prefieren los juegos con otros niños que impliquen actividades en común o coordinadas (a *la mamá y el papá*, a *la maestra*, etcétera.).

Es preferible que los padres, aunque supervisen la actividad del hijo, no intervengan demasiado –si no es imprescindible– en los desacuerdos que surgen entre los niños cuando éstos juegan. Pero en cambio, es conveniente que los padres busquen para sus hijos compañeros de juego con caracteres compatibles.

Con respecto a la participación de los padres en el juego es deseable que puedan hacerse de tiempo para jugar con sus hijos, ya que esto les dará a los pequeños gran satisfacción al ver que su actividad es valorada por sus seres queridos, a la vez que les permitirá una mejor comunicación con ellos. Y por qué no, también constituye para los papás la posibilidad de permitirse un momento de distensión en medio de la vorágine cotidiana.

## 15. ¿Cuáles son los juegos más adecuados para los niños?

El primer juego del niño consiste en explorar su propio cuerpo y el de la madre, utilizando la boca, las manos y la vista, a la vez que presta atención a los sonidos que se producen. Cuando juega, el bebé explora el mundo escuchando, mirando, tocando, agarrando y chupando. A su vez los padres, mientras juegan con su hijo, pueden acariciarlo, mecerlo, sonreírle, hablarle y cantarle.

Los sonajeros u objetos con similares características suelen ser el primer juguete de un niño, que no sólo le permite producir sonidos, sino también mirarlo, agarrarlo y llevarlo a la boca. Los juguetes que se le ofrecen al niño deben ser hechos de materiales apropiados que no representen ningún peligro. Pueden ser simples, siempre que se adecuen a sus posibilidades y etapas evolutivas: móviles, aros, cubos, pelotas, muñecos, autos, balde, pala, arena, agua, plastilina, crayones, papel, pizarra, maderitas, cajitas, soga, juego de carpintero, juego de cocina, juegos de armar, libros con imágenes, instrumentos musicales, el triciclo, etc. A medida que crezcan optarán por juegos de roles (maestro-alumno, mamá-papá, médico-enfermo, etc.); naipes y otros juegos de reglas; hobbies; y actividades físicas o deportes.

En cuanto a los videojuegos, tan populares hoy en día, especialmente entre los varones, muchos de ellos se consideran nocivos, tanto por sus contenidos mayormente violentos como también por los problemas físicos que acarrean (tendinitis y de visión, fundamentalmente), sumado esto a la adicción que pueden provocar. Pero al mismo tiempo, se pueden rescatar las posibilidades que ofrecen muchos videojuegos al facilitar el desarrollo de algunas capacidades como la concentración, la atención, el lenguaje digital y otras habilidades, como la rapidez para reaccionar ante un estímulo. Respecto al televisor, no es aconsejable su uso prolongado como entretenimiento. Lo inadecuado de algunos programas, sumado a la inactividad física y a la pasividad mental que el hábito de ver televisión implica, son factores que tienen grandes desventajas frente a la posibilidad de desarrollar actividades de índole intelectual o física, solo o en compañía, ya sea dentro de la casa o al aire libre. Podemos decir algo parecido en referencia a la computadora cuando se la utiliza en exceso como mero entretenimiento.

¡Hola pequeño, juguemos!

Hay una gran variedad de juegos y formas de clasificarlos. Una de ellas –basada primordialmente en la edad de los niños– es la siguiente:

◆ **Juego de ejercicio:** comienza en los primeros meses y dura 2 ó 3 años. No tiene una finalidad específica como juego sino que son movimientos que realiza el niño porque le gustan y que le sirven para perfeccionar habilidades recién adquiridas. Por ejemplo, cuando está aprendiendo a manejar voluntariamente el reflejo de prensión, suele *jugar* durante horas a asir y soltar un objeto.

◆ **Juego simbólico:** comienza alrededor del año cuando el niño *simula* estar haciendo algo o ser alguien que no es. Para estas *dramatizaciones* o *ficciones*, el niño puede valerse de objetos (hace como que habla por teléfono utilizando una cuchara, por ejemplo); o no usarlos (la nena que se pasa el dedo por los labios como si se los estuviera pintando), o puede *darle vida* a objetos inanimados (una de sus muñecas *es* la maestra de las otras, o hace como si fuera su bebé, etcétera.). La capacidad simbólica implica que el niño ya posee los recursos para representarse mentalmente la realidad, sin tenerla presente en forma concreta. Esta misma capacidad simbólica es la que le da al niño la posibilidad de sustituir un elemento por otro, en el *como si* del juego. Entre otras cosas, el juego simbólico permitirá al niño el aprendizaje del mundo a través de la exploración, el dominio de experiencias traumáticas, el manejo de la realidad a través de la fantasía, la transgresión simbólica de las prohibiciones y la satisfacción de deseos. En el juego de roles, por ejemplo, el niño, mientras observa el comportamiento de las personas que lo rodean, las puede imitar, y así va aprendiendo diversas actividades, muchas de las cuales desempeñará en la vida adulta (mamá-papá, maestra-alumno, etcétera), pero también procurará resolver situaciones conflictivas y descargar la angustia y tensiones propias de la vida cotidiana. Así, tras la visita al hospital donde se le aplicó una vacuna puede jugar a que él es el doctor que aplica la inyección. De este modo, de manera activa, descarga la angustia de haber tenido que soportar pasivamente el ser vacunado. La modalidad del juego –si éste es creativo, monótono, impulsivo o caótico– nos dirá mucho sobre la personalidad del niño. Si el niño no juega o si el juego es muy bizarro, es una señal de que hay algún tipo de trastorno que merece una consulta con el especialista, pediatra o psicólogo. El tipo de juego elegido dependerá de la edad, la personalidad, y también de los conflictos que esté atravesando el niño. Amor, odio, ansiedad, culpa, deseos, temores y conflictos pueden encontrar un canal de expresión privilegiado en el acto de jugar.

- **Juego con reglas:** comienza a incorporarse a partir de los cuatro años e indica que el niño ya puede ponerse en lugar del otro y participar de actividades donde existen normas que son compartidas y aceptadas por todos los jugadores. Los juegos de reglas pueden jugarse entre dos participantes (como las damas o el ta-te-ti), en grupo (como el ludo, la mancha o las escondidas) o en equipo (como algunos juegos de naipes, etcétera). En este tipo de juegos suele estar presente la competencia, ya sea con otro niño o consigo mismo. El juego puede ser un juego conocido y con reglas estándar, o puede ser un juego con reglas que el mismo niño haya inventado.

- **Lectura:** otro aspecto muy importante es fomentar el contacto del niño con los libros desde edad temprana, ya que la lectura favorece el desarrollo, tanto intelectual como afectivo. No es necesario que los niños hayan adquirido el dominio de la lectura para interactuar con ellos. Para empezar a introducirlos en este hábito, hoy existen incluso libros de goma o plástico con los que los niños juegan en la bañadera desde antes de cumplir el año. La idea es que puedan ir comprendiendo de a poco que el libro *dice* algo, aun cuando todavía no tenga palabras, las que deben ir incorporándose paulatinamente. También los libros interactivos, con materiales desplegables, texturados, para dibujar o colorear, con figuras brillantes, o libros con formas, etcétera, estimulan al niño a acercarse al maravilloso mundo de la lectura. A medida que van creciendo, se les debe proveer de libros más complejos, donde *lo que está escrito*, la propia actividad de leer y la capacidad de imaginar otros mundos posibles adquieran un protagonismo cada vez mayor. Más allá de los diversos conocimientos que pueda adquirir, la lectura le permite al niño participar de experiencias y vivencias mucho más abarcativas de las que normalmente pueda tener en su propio ámbito, facilitándole un amplio desarrollo de su fantasía y de su intelecto. Además, para fomentar la lectura de los niños, los padres deben adoptar el hábito de leerles cuentos, desde una edad temprana, ya que esto predispone al gusto por la lectura en las siguientes etapas. Los libros infantiles y para adolescentes pueden encontrarse tanto en las bibliotecas públicas de cada barrio como en las secciones especializadas de las librerías, muchas de las cuales, últimamente, suelen ofrecer un espacio para la lectura libre y gratuita y un buen asesoramiento en el tema. También en los últimos años la mayoría de los títulos clásicos infantiles han sido llevados al cine, y aunque siempre el libro obliga a una participación más activa de las aptitudes intelectuales del niño, las películas no dejan de ser una alternativa interesante y entretenida.

➔ **Los juguetes, juegos y libros adecuados son:**

✓ *Juguetes: sonajero, móviles, aros, cubos, pelotas, muñecos, autos, baldes, palas, crayones, plastilina, juego de carpintero, juego de cocina, juegos de armar.*

✓ *Juegos: de ejercicios, simbólicos y de reglas.*

✓ *Libros: infantiles y juveniles.*

No se puede dejar de mencionar la importancia que tiene para el niño salir de la casa para ir de paseo a la plaza, primero en cochecito y luego caminando o en triciclo. Esto hace que se expanda su mundo viendo y escuchando personas y objetos que no son los cotidianos y tiene el valor agregado de poder recibir los beneficios del aire y el sol, en especial cuando se vive en departamento.

Respecto a la tenencia o adquisición de mascotas, como por ejemplo un perro, es fundamental consultar antes con el pediatra y también es aconsejable discutir con el veterinario acerca de cuáles son las razas más adecuadas para los niños pequeños, ateniéndose a las recomendaciones y precauciones a tener en cuenta en cada caso. Es importante enseñar a los niños que si bien pueden jugar con el perro, éste no es un juguete y deben tener ciertos cuidados como no quitarle la comida u otro objeto que tenga en la boca y, sobre todo, no maltratarlo.

| PARA REFLEXIONAR: El juego |
|---|
| Jugar es una actividad fundamental para el niño porque es indispensable para el desarrollo afectivo, intelectual y motriz. |
| Es importante que los padres puedan jugar con los hijos, porque además de darles satisfacción les permitirá una mejor comunicación con ellos. |
| Los juguetes pueden ser simples, siempre que se adecuen a las posibilidades y etapas evolutivas del niño. |
| Debe incentivarse la lectura desde temprana edad para favorecer el desarrollo tanto intelectual como afectivo. |
| Es muy importante llevar al niño de paseo a la plaza para que su mundo cotidiano se amplíe. |
| Antes de comprar una mascota hay que consultar con el pediatra y con el veterinario para ver cuál es la raza más conveniente para los niños. |

# Capítulo 7

# Los hábitos

*El hábito puede llegar a ser o el mejor de los sirvientes o el peor de los amos.*

**Nathaniel Emmons**, *retratista y paisajista norteamericano*

Entre los hábitos propios de la niñez hay dos que preocupan a la mayoría de los padres: la succión y la masturbación.

## 16. ¿La succión y la masturbación, qué significan en el niño?

Para la mayoría de los bebés la succión constituye una actividad imprescindible a la que dedican gran parte de su tiempo. Es una manera de obtener placer, liberarse de tensiones y consolarse, que puede desarrollarse utilizando el pulgar o el chupete. No hay inconveniente en permitir estas modalidades, a menos que se vuelvan tan intensas y frecuentes que mantengan al niño totalmente aislado del medio que lo rodea.

> → **La succión permite:**
> ✓ *Liberar tensiones y obtener placer por medio del pulgar o chupete.*

A partir de los seis meses, la salida de los dientes hace que el niño desee más morder que chupar y alrededor del año, cuando el niño tiene otras posibilidades de descargar tensiones, de a poco irá prescindiendo del chupete.

*¡Pronto se va a interesar en otras cosas más que en el chupete!*

Respecto a la masturbación, el niño varón, al explorar cada parte de su cuerpo, redescubre las sensaciones placenteras de la región genital, que ya experimentó al ser higienizado; por el contrario, respecto a las niñas, es muy probable que el área genital pueda pasar inadvertida por más tiempo, debido a su ubicación, menos accesible.

Es común que el niño encuentre placer en tocar o acariciar sus órganos genitales, en especial los varoncitos a partir de los dos años. Esta gratificación autoerótica normal no debe ser desaprobada pues no implica ningún daño para el niño, siempre que no se convierta en una manera única de descargar tensiones. A medida que el niño crece irá aprendiendo que esta actividad se realiza en privado.

De más está decir que se trata de una conducta normal sólo cuando es espontánea e individual, y que bajo ninguna circunstancia debe ser efectuada o propiciada por otros. Por eso, el niño no debe ser estimulado mediante caricias seductoras ni tampoco es conveniente exponerlo a la desnudez de sus padres, ni tampoco a la de los hermanos innecesariamente, sobre todo si son de diferente sexo.

→ **La masturbación infantil no debe ser desaprobada:**

✓ *Siempre que no sea la única forma de descargar tensiones o de obtener placer.*

*Está bien, ¡no es nada malo!*

Tanto la succión como la masturbación infantil son una manera normal de descargar tensiones que sólo deben preocupar cuando se transforman en la actividad predominante.

| PARA REFLEXIONAR: Los hábitos |
|---|
| La succión y la masturbación infantil sólo deben preocupar cuando son excesivas y excluyen otras actividades. |
| A medida que aparecen nuevas posibilidades de descargar tensiones y de obtener placer, va desapareciendo la necesidad del chupete. |
| La masturbación infantil no debe ser desaprobada pero tampoco propiciada. |

# Capítulo 8

## El crecimiento y los cambios

*El progreso consiste en el cambio.*

**Miguel De Unamuno,** *escritor español*

A medida que el bebé crece se van produciendo cambios importantes en su vida, a los que él puede reaccionar de diversas maneras, como dificultades en la alimentación o en el sueño, irritación o tristeza.

### 17. ¿Cómo deben realizarse los cambios a medida que el niño va creciendo?

Todo cambio suele producir angustia y si el cambio es muy abrupto, el estado de angustia puede impedir que el niño se conecte placenteramente con las cosas nuevas. Por eso es aconsejable que todos los cambios se efectúen en el momento más adecuado, de a uno por vez y en forma gradual y progresiva. Esto debe ser tomado en cuenta especialmente en relación al destete, al cambio de habitación para dormir, a la ausencia de la madre cuando tiene que volver al trabajo o cualquier otro cambio de importancia.

Más adelante, a medida que aumenta la capacidad de comprensión del niño, es conveniente que se le hable con la prudente anticipación sobre los cambios que pueden ocurrir, como la llegada de un hermanito, la entrada al jardín, una operación quirúrgica, el divorcio de los padres, un viaje, una mudanza o cualquier otro cambio que pueda modificar la rutina diaria del niño.

→ **Los cambios deben realizarse:**
✓ *En el momento más adecuado de forma gradual y progresiva.*

*¡Qué rico biberón!*

Muchas veces el niño está malhumorado e inquieto y los padres atribuyen el malestar en forma exagerada y exclusiva a situaciones *clásicas*, tanto físicas —como la molestia por la aparición de los dientes— o emocionales —como los celos por el nacimiento de un hermanito—, por ejemplo, sin darse cuenta de que además estos mismos acontecimientos ocasionan modificaciones en la rutina cotidiana del niño, agregándole más perturbaciones. Por eso, es conveniente que aun ante cambios importantes los papás puedan mantener los hábitos diarios (alimentación, higiene, paseos, etc.) lo más estables posible.

Por su parte, los padres también pueden reaccionar con inquietud ante los cambios que se van produciendo como consecuencia natural del desarrollo del niño. Cuando los padres ven en el hijo una mera prolongación de ellos mismos, cualquier manifestación del pequeño que no coincide con sus ilusorias expectativas puede generar sentimientos de enorme frustración y rechazo. Por ejemplo, algunos padres no desean que sus hijos se independicen demasiado pronto; otros, por lo contrario, están ansiosos por verlos ya grandes y autónomos. También hay padres que desean que sus hijos avancen rápidamente en el área intelectual, pero no en el área emocional, para evitar así tener que desprenderse de esa parte de ellos –que son los hijos– demasiado pronto.

Los padres deben ir adaptándose a los distintos momentos del desarrollo, y saber que cada nueva etapa evolutiva, aunque produzca cierta incertidumbre, traerá aparejada también la adquisición de nuevos y promisorios logros.

¡Qué bien pateas!

Para que los niños evolucionen normalmente los padres deben ayudar a que el hijo se independice gradualmente pero sin dejar de protegerlo, teniendo en cuenta que tanto la desprotección (dejarlo que *se las arregle* completamente solo) como la sobreprotección (hacer todo por ellos) inhibe la posibilidad de crecimiento y cambio.

Además, los padres deben saber y aceptar que el crecimiento del niño no es parejo en todas las áreas, por lo cual puede tener independencia en ciertos aspectos pero todavía necesita ayuda en otros. Por ejemplo, muchos padres suponen que un niño que ya aprendió a hablar será capaz de pedir ayuda ante una situación de riesgo. Y si esto no ocurre, se asombran y suelen preguntar: *¿por qué no me avisaste?*. No se dan cuenta de que esto es sólo posible si el niño ha sido instruido previamente sobre el peligro.

También deben tener en cuenta que hasta que un nuevo logro se consolide puede haber un período de fluctuaciones durante el cual deberán ser flexibles y comprensivos.

| PARA REFLEXIONAR: El crecimiento y los cambios |
| --- |
| Todos los cambios deberán hacerse en forma gradual para evitar la angustia en el niño. |
| Los cambios pueden producir dificultades en la alimentación o en el sueño, irritación, tristeza. |
| Los padres deben saber que el crecimiento del niño no es parejo en todas las áreas. |
| Los padres deben ayudar a que el hijo se independice gradualmente sin dejar de protegerlo. |

# Capítulo 9

## La marcha y el lenguaje

*Los límites de mi lenguaje son los límites de mi mente.*

**Ludwig Wittgenstein, *filósofo anglo-germano***

Alrededor del año, la adquisición de la marcha y del lenguaje permitirá al niño alejarse de la madre y volver a ella, o llamarla cuando la necesite.

### 18. ¿Es conveniente estimular al niño a hablar y a caminar?

La marcha y el lenguaje son dos actividades que producen placer en el niño y que deben ser estimuladas, pero sin tratar de enseñarle aquello para lo cual no está madurativamente preparado.

El lenguaje es la característica más distintiva del ser humano, íntimamente ligado al pensamiento y al desarrollo de la inteligencia. A partir de su adquisición el niño comienza a comunicar mejor lo que siente, lo que le ocurre, sus necesidades y deseos. Y progresivamente, a medida que el lenguaje se va consolidando, el niño logra un mayor entendimiento y dominio del mundo que lo rodea. Hablándole al niño se estimula el lenguaje. Un niño al que no se le habla, tardará más tiempo en comenzar a hablar, seguramente tendrá un lenguaje más empobrecido y esto puede afectar también su desarrollo intelectual.

Respecto a la marcha, lo mejor que se puede hacer, cuando el niño ya está preparado, es no obstaculizarla. No se debe intentar acelerar su adquisición como tampoco la de otras funciones, como el control de esfínteres, dado que primero los órganos correspondientes deben haber alcanzado su grado de madurez. Por eso es siempre conveniente la consulta periódica con el pediatra. Con esto, se evitarán frustraciones y esfuerzos inútiles tanto en los papás como en los niños. A veces los padres pueden creer que la rapidez con que se consolidan algunos logros es una muestra de la mayor capacidad del niño. Pero en realidad cada niño tiene su tiempo madurativo propio que cuando no es respetado puede traer consecuencias negativas.

*¡Ven con mamá!*

→ **Lo fundamental respecto a la marcha y el lenguaje es:**

✓  *La marcha: no se debe obstaculizar.*

✓  *El lenguaje: se incentiva hablándole al niño.*

Cuando el niño comienza a desplazarse, ya sea gateando o caminando, es importante tomar las medidas de seguridad necesarias para evitar cualquier tipo de accidentes, como por ejemplo con el fuego, la electricidad, los objetos cortantes, los tóxicos y las alturas.

*No, ¡eso no se toca!*

De todas maneras, es muy recomendable que los padres y cuidadores posean conocimientos básicos de primeros auxilios, y es necesario que tengan a mano y en forma visible –para los padres y/o personas que estén al cuidado del niño– los números de teléfono y direcciones para casos de urgencias.

**PARA REFLEXIONAR: La marcha y el lenguaje**

Es conveniente estimular al niño pero no apurarlo, en aquellas actividades para las que aún no está preparado madurativamente.

Es importante tener conocimientos básicos de primeros auxilios y tener a mano los números de teléfonos para casos de urgencias.

# Capítulo 10

## Los celos

*El que es celoso, no es nunca celoso por lo que ve; con lo que se imagina basta.*

**Jacinto Benavente,** *dramaturgo español*

Al comenzar a comprender la especial relación que existe entre los padres, el niño desarrolla un nuevo sentimiento: los celos.

### 19. ¿Cómo se manifiestan los celos en los niños y qué hacer cuando aparecen?

Si bien desde su nacimiento el niño pudo haber sentido amor o enojo en distintas circunstancias relacionadas con la satisfacción de sus necesidades físicas o afectivas, el hecho de experimentar la sensación de sentirse excluido en una relación de tres –relación que incluye a las personas que ama– produce esos dolorosos sentimientos que son los celos. El niño siente celos si ve a sus padres funcionando como pareja porque quiere tener con ellos una relación exclusiva y recíproca, y cuando esto no sucede imagina que han dejado de quererlo.

Si el niño requiere para sí toda la atención de uno o ambos padres cuando éstos están juntos, y no la obtiene, los celos pueden llegar a manifestarse como accesos de cólera o tristeza. Estos sentimientos de celos –que aparecen también en relación con el amor que los padres prodigan a sus otros hijos, en caso de tenerlos– deben ser entendidos por aquellos para poder ayudar al niño a superarlos. Por ejemplo, los padres deben demostrarle al niño su amor reasegurándole que lo quieren, por medio de palabras y gestos cariñosos y sobre todo mostrándose comprensivos con él y sus eventuales *berrinches*.

¡Ahora tienes alguien con quien jugar!

→ **Los celos pueden manifestarse como cólera o tristeza:**

✓ *Los padres deben mostrarse comprensivos y asegurarse de que el hijo se sienta querido.*

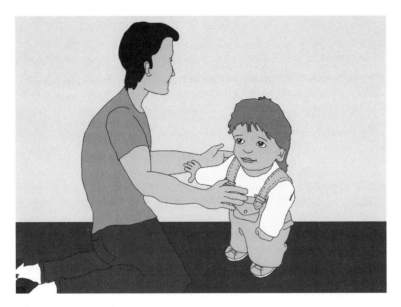

*¡Te quiero mucho!*

Además, como el niño ama a sus padres posesivamente, desea tener con cada uno de ellos una relación íntima que abarca el contacto físico, como caricias, abrazos y besos, que a veces se convierten en golpes, mordiscos y rasguños. No debe privarse al niño del placer que proviene del contacto físico aunque sí se le deben poner ciertos límites a la agresión, límites que a él mismo lo tranquilizarán.

| PARA REFLEXIONAR: Los celos |
|---|
| Los celos suelen surgir cuando el niño siente que no participa de una manifestación afectuosa con personas a las que quiere, como mamá-papá o padres-hermanos. |
| Los niños deben ser entendidos y contenidos cuando surgen los celos, dándoles muestras de que se los sigue amando como siempre. |

# Capítulo 11

## Los temores

*No hace falta conocer el peligro para tener miedo; de hecho, los peligros desconocidos son los que inspiran más temor.*

**Alejandro Dumas,** *escritor francés*

Los niños padecen frecuentemente de temores y ansiedades no sólo respecto a su propia vida sino también a la vida de sus padres; es común que muchos de estos miedos parezcan irracionales desde el punto de vista adulto.

### 20. ¿A qué se deben los temores de los niños?

La mayoría de los temores o miedos del niño muy pequeño provienen de su fantasía o imaginación, que todavía se mezclan con el mundo real. Algunos pueden provenir de una mala experiencia anterior e incluso pueden deberse a peligros reales. Pero también los miedos infantiles se deben al estado de inmadurez e indefensión del niño.

Entre los temores más comunes podemos nombrar: la oscuridad, las sombras, los ruidos, los truenos, los insectos, los animales, personajes irreales, dormir solo, etcétera.

Es indispensable investigar el motivo cuando un niño siente miedo y asegurarle que uno está ahí para protegerlo. De ningún modo el adulto debe burlarse del niño ni obligarlo a enfrentar una situación que le produce temor. Pero sí se debe, por ejemplo, acompañarlo a ver detrás de las cortinas, debajo de la cama o dentro de un armario, etcétera, para que él mismo pueda comprobar que allí no hay nada que temer.

*¡Tengo miedo!*

| → Los temores de los niños se deben a diversos motivos: |
| --- |
| ✓ Fantasía o imaginación. |
| ✓ Malas experiencias previas. |
| ✓ Peligros reales. |
| ✓ Inmadurez e indefensión. |

Los niños a veces experimentan temor frente a determinadas personas. En estos casos es posible que desvíen la mirada de la persona a la que temen, como una manera de negar o evitar lo que sienten como peligroso, y en ocasiones suelen desviar ese miedo a otra persona o cosa (perro, juguete, etc.).

*¡Vamos juntos a ver!*

Frecuentemente, los miedos de los niños pueden provocar dificultades para dormir, o pesadillas. Aunque las pesadillas son normales en los niños pequeños, cuando se presentan con mucha asiduidad o son muy intensas pueden ser índice de algún trastorno que debe ser investigado.

| PARA REFLEXIONAR: Los temores |
|---|
| **Es común que los niños padezcan de temores respecto a su vida y a la de los padres.** |
| **Aunque la mayoría de las veces los miedos infantiles parezcan irracionales, se debe investigar el motivo que causa miedo al niño y asegurarle que se lo va a proteger.** |

# Capítulo 12

## El negativismo

*No solemos considerar como personas de buen sentido sino a las que participan de nuestras opiniones.*

**François de la Rochefoucauld,** *escritor francés*

En el segundo año de vida aparece una conducta relacionada a la creciente independencia del niño y es el uso del NO.

### 21. ¿Qué significa el uso frecuente de la palabra NO?

Cuando el niño ya puede reconocerse a sí mismo como alguien diferente de sus padres, con sus propios deseos y necesidades, comienza el uso frecuente de la palabra NO, que demuestra su afán de independencia y autoafirmación. Esto se ve cuando por ejemplo, para ir de paseo, en lugar de aceptar la ropa elegida por los padres, el niño insiste en vestirse con una prenda que es su preferida pero que no es la adecuada para esa ocasión o época del año.

Es importante que los niños aprendan a expresar sus deseos y sentimientos, pero luego –cuando sean necesarios– hay que ponerles los límites adecuados, acompañándolos siempre de la explicación correspondiente.

Este período de negativismo, aunque produzca cierta irritación en los padres, no debe interpretarse como una agresión, sino como un progreso en el desarrollo mental y afectivo del niño.

*¡NO, NO y NO!*

> **→ El niño comienza a utilizar el NO:**
>
> ✓ *Cuando empieza a individualizarse y puede reconocer sus propias preferencias.*

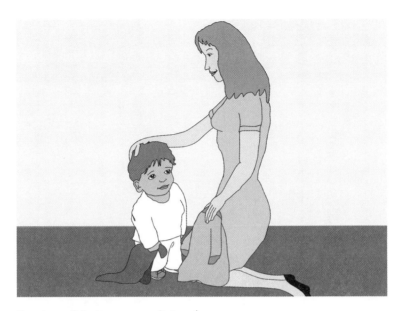

*Hoy hace frío; ¡eso es muy liviano!*

El uso del NO es una demostración de la independencia y diferenciación que va logrando el niño respecto a los padres y corrobora que se han realizado los adecuados progresos en su desarrollo.

| PARA REFLEXIONAR: El negativismo |
|---|
| **El negativismo es una muestra del crecimiento mental y afectivo del niño.** |
| **Los padres no deben interpretar el NO de sus hijos como un desafío, pero deben poner los límites cuando sean necesarios, de modo cariñoso.** |

# Capítulo 13

## Las rabietas

*La respuesta suave calma la ira, así como el aceite a las olas. Esta respuesta suave, en voz baja, lenta y buena es una de las empresas más difíciles de este mundo.*

**Noel Clarasó,** *escritor español*

Las pataletas, rabietas o berrinches son la manifestación de un sentimiento de rabia, producto de la impotencia o frustración ante la imposibilidad de realizar un deseo, y que es descargado a través del llanto, gritos y pataleos.

### 22. ¿Qué hacer ante las rabietas o caprichos?

El niño suele asustarse ante su propia pérdida de control cuando se desencadena la rabieta, y los padres, más que castigarlo, deben comprenderlo manteniendo la calma hasta que se le pase, hablarle y abrazarlo con afecto, cuidando que no se lastime él mismo o a terceros.

¡Devuelve el cochecito el niño!

Los caprichos aparecen alrededor de los tres años, cuando el niño quiere concretar su propósito obstinadamente y en forma inmediata. Si bien la decisión de acceder o no a estas demandas recae generalmente en los padres, en otras ocasiones el impedimento o la prohibición proviene de alguna norma externa (por ejemplo, querer comprar un juguete en un local que está cerrado, etcétera)

→ **Cuando el niño tiene una rabieta:**

✓ *Mantener la calma.*

✓ *Hablarle y abrazarlo con afecto.*

*¡No, yo lo quiero!*

Es en la etapa de los berrinches cuando el niño aprende a tolerar las frustraciones propias de la vida: que no todo se puede tener, que no todo se debe o puede hacer y que para algunas cosas hay que esperar. Claro que el pequeño no está dispuesto a aceptar esto tan fácilmente. Por eso las rabietas suelen provocar llanto, mutismo o accesos de furia. Sin perder la calma, los padres deberán poner los límites con firmeza, físicamente, pero siempre de manera afectuosa.

| PARA REFLEXIONAR: Las rabietas |
|---|
| Las rabietas son producto de la impotencia o frustración del niño ante la imposibilidad de realizar un deseo. |
| Se deben poner los límites necesarios, de manera firme, tranquila pero siempre afectuosa. |

# Capítulo 14

# Las mentiras

*La mentira es un triste sustituto de la verdad, pero el único que se ha descubierto hasta ahora.*

**Elbert Hubbard, *ensayista estadounidense***

Gran parte de la vida del niño pequeño está dominada por su fantasía y temores, los que muchas veces le impiden distinguir entre mentira y verdad. Pero a medida que el niño crece se va consolidando el sentido de realidad.

## 23. ¿A partir de qué edad se puede considerar que un niño miente?

Recién después de los cinco años, el niño tiene una noción más precisa de lo que es verdadero o falso. Es por eso que no se puede decir que un niño *mienta* antes de los seis años. Y cuando esto ocurre con frecuencia después de esta edad, es un indicio de problemas emocionales que en lugar de un castigo merecen un análisis de sus causas.

Algo parecido ocurre con el robo, que no puede ser llamado tal hasta que el niño haya adquirido el concepto de *propiedad privada*. Recién entonces es un síntoma que debe ser investigado. Generalmente un niño que roba, ya en la etapa escolar, está tratando de compensar en parte una carencia afectiva importante.

¿Qué se rompió?

Por su parte, con la mentira o fabulación puede intentar negar una realidad que le resulta intolerable (dice que tiene muchos amigos en el colegio cuando en realidad está aislado), etcétera. Pero la mentira también puede deberse a miedo al castigo: el niño rompe un objeto de la casa y si le preguntan, dice que él no fue. Otro motivo para mentir puede ser el deseo de obtener o realizar algo que sabe de antemano que le van a negar: salir sin hacer antes los deberes, por ejemplo; lo que lo lleva a *asegurar* que no tiene tarea alguna para hacer.

| → Después de los 5 años el niño tiene noción: |
| --- |
| ✓ De lo que es verdadero o falso. |
| ✓ De lo que es propio o ajeno. |

*¡Yo no sé!*

Cuando en un niño mayor de seis años la mentira deja de ser ocasional para transformarse en una conducta habitual, se recomienda recurrir a la consulta con un psicólogo para poder llegar al origen del problema y poder solucionarlo.

| PARA REFLEXIONAR: Las mentiras |
|---|
| Se puede considerar que un niño miente después que haya aprendido la diferencia entre *realidad* y *fantasía*. |
| Se puede considerar que un niño roba después que haya aprendido el concepto de *propiedad privada*. |
| La mentira y el robo son dos conductas cuyas causas, en lugar de castigarse, deben averiguarse. |

# Capítulo 15

# La disciplina

*El error es la disciplina a través de la que avanzamos.*

**William Ellery Channing,** *poeta estadounidense*

Todos los niños necesitan que les brinden primero amor y luego disciplina. La disciplina no significa castigar, sino enseñar.

## 24. ¿En qué consiste la disciplina?

A medida que crece y explora el mundo, el niño va realizando las más variadas conductas sin saber cuáles son las correctas y adecuadas y cuáles no. Es una función de los padres –durante el cuidado y enseñanza de su hijo– establecer las pautas de comportamiento que consideran adecuadas y poner límites a las conductas inadecuadas y poco beneficiosas para el niño. Esto debe hacerse con firmeza pero con cariño y paciencia, sin enojo y con la explicación correspondiente, perseverando en la enseñanza hasta que el niño aprenda por sí mismo qué es lo que puede y lo que no puede hacer.

Bajo ningún concepto se debe utilizar el maltrato físico o emocional tales como pegar, empujar, insultar, gritar, amenazar, culpabilizar, burlarse, criticar, avergonzar, ignorar, rechazar, aislar, privar de afecto y seguridad o utilizar sobrenombres o adjetivos desvalorizantes o descalificantes.

*¡La cuchara es para tomar la sopa!*

Cada vez que sea necesario imponer una prohibición al niño, es conveniente ofrecerle a cambio alguna alternativa adecuada. Por ejemplo, cuando los niños pequeños comienzan a deambular y a explorar las alacenas de la cocina se les puede negar el acceso al lugar física o verbalmente, según la edad, pero a cambio se les debe ofrecer un lugar de la casa con objetos que no representen ningún riesgo. Otra alternativa es dejarlo en el lugar pero quitar los productos que pueden ser tóxicos o peligrosos y ponerlos fuera de su alcance, dejando sólo objetos de plástico, u otros que no puedan dañarlo.

También es importante poner más énfasis en los premios para incentivar las buenas conductas, que en los castigos para evitar las inadecuadas. Dependiendo de la edad, este incentivo podría ser: decirle que invite a un amigo a casa cuando trae una buena nota de la escuela, llevarlo al cine o a *los jueguitos* después de una visita al doctor donde se portó muy bien, dejarlo ver la tele hasta un poco más tarde porque hizo toda la tarea a tiempo, jugar con él a su juego preferido si mantuvo buena conducta en una reunión *de grandes*, etcétera. Si se opta por *comprarle algo*, hay que tener cuidado de que no sea desproporcionado a su buen accionar y, por otra parte, que no se trate de cosas que son definidas como perjudiciales por los padres, como es el caso de golosinas, etcétera. De todos modos, brindarle un almuerzo en su hamburguesería preferida o la golosina de su elección de tanto en tanto no entraña ningún peligro y muestra que cuando se hace algo excepcionalmente bueno, en consecuencia se obtiene también una excepción.

> **→ Lo más importante en relación a la disciplina:**
> ✓ *Enseñar al niño lo que puede y lo que no puede hacer.*
> ✓ *Utilizar modos firmes pero afectuosos.*

La imposición de la disciplina debe reservarse para cosas decisivas. En orden de importancia éstas serían: el cuidado ante los peligros, la protección de la salud, la conservación de la higiene corporal, la alimentación, el sueño, el control de esfínteres, la vestimenta, el lenguaje, el dinero, los horarios, la colaboración en las actividades hogareñas, el cumplimiento de las tareas escolares, la interacción con los demás (relaciones familiares y sociales) y las normas y prohibiciones culturales.

Cabe aclarar que así como una disciplina muy estricta atenta contra la autoestima, ya que el niño es muy susceptible a la humillación y al fracaso, también es nocivo el consentimiento excesivo. Para saber cómo y cuándo aplicar disciplina, los padres deben tener en cuenta las habilidades motrices, intelectuales y sociales de cada edad. Uno de los modos más confiables de obtener esta información es a través de la consulta con el pediatra. También es importante conocer las características propias innatas del niño: si es inquieto, si duerme mucho, si es muy activo o muy tranquilo. Detectarlas permitirá a los padres manejarse con mejor criterio (por ejemplo: no irritarse porque su niño no duerme la siesta o lo contrario, porque no le gusta hacer deportes y prefiere actividades sedentarias).

Impartir disciplina depende de la edad. Por ejemplo, cuando el niño comienza a gatear, antes del año, y se acerca a un lugar peligroso de la casa, el límite puede consistir en impedirle físicamente acercarse al lugar, acompañado con un NO verbal y gestual. A medida que crece y aumenta su capacidad de comprensión y su lenguaje, se utilizarán, primero, palabras simples y concretas y luego explicaciones breves sobre qué se debe y no se debe hacer en cada circunstancia y las consecuencias positivas y negativas que tales decisiones pueden acarrear. A modo de ejemplo, imaginemos que a un niño se le indica que no puede encender fuego y él pregunta *¿Por qué?*. Las respuestas posibles apuntarán por un lado a las consecuencias que esta acción por sí misma tendrá en él (*puedes quemarte y eso duele mucho; se puede incendiar la casa y todo lo que hay en ella*, etcétera) y, por el otro, a las consecuencias de su desobediencia (*no sales este domingo*, etcétera).

Por otra parte, cuando ya esté en edad de comprender las indicaciones que se le dan, es importante tomar en cuenta la opinión del niño sobre las normas y límites que se le imponen, pero siempre en forma acotada y según el tema que se trate, ya que esto permitirá una mayor colaboración y responsabilidad. Por ejemplo: permitirle decidir si quiere bañarse antes o después de comer; darle dos prendas para que elija una de ellas cuando tenga que vestirse, entre otras situaciones.

Obviamente, para lograr todo esto, es indispensable que los padres se pongan previamente de acuerdo en cuanto a las normas que se le enseñan al niño y se las expliquen de manera clara y precisa, verificando que las haya comprendido.

También es importante servir de modelo al niño –para enseñar con el ejemplo– y no enviarle mensajes ambivalentes o contradictorios.

Los padres pueden querer repetir con los hijos todo lo que sus propios padres hicieron, o pueden querer hacer todo lo contrario, según como hayan vivenciado su propia infancia. También pueden ilusionarse con crear un *hijo perfecto*, para lo cual se exigen demasiado ellos mismos o exigen al niño más allá de las posibilidades reales provocándole, muy frecuentemente, diversos trastornos durante su desarrollo. Pero los padres también tienen la opción de acompañar creativamente la evolución de los hijos de acuerdo a las características propias de cada niño y de las situaciones de vida que les toca atravesar. Hay que entender que los padres –como todos los seres humanos– también pueden equivocarse, y es en esos casos cuando se hace necesario que reconozcan su error y se rectifiquen. Es un momento privilegiado que tienen los padres para aprender con sus propios hijos.

Si bien los padres son los encargados de imponer las normas y transmitir las prohibiciones culturales, también están sujetos a ellas y las deben respetar, siendo ésta una de las principales diferencias entre autoridad y autoritarismo.

*¡Digan gracias a la señora!*

En cuanto a los modales sociales, es necesario tener en cuenta la etapa que el niño está atravesando para instruirlo respecto a las mismas (pedir *por favor*, dar las *gracias*, solicitar *permiso*, disculparse, saludar al entrar y al salir de un lugar o al encontrarse con algún conocido) y desechar las que no son importantes. Más que presionarlo, es fundamental que el niño comprenda que los buenos modales le serán de utilidad no sólo en el seno de su familia, sino que también será mejor bienvenido y aceptado fuera del ámbito familiar.

Es común que aun después que el niño haya aprendido a comportarse de un modo adecuado, manifieste conductas regresivas de descontrol en determinadas situaciones de tensión o ansiedad, en especial al final del día o cuando está cansado o con hambre.

**PARA REFLEXIONAR: La disciplina**

La disciplina debe ser aplicada con afecto para enseñar qué está bien y qué está mal en aspectos importantes de la vida, entre otros: cuidado ante los peligros, alimentación, sueño, lenguaje, vestimenta, higiene, salud, tareas del hogar y escolares, la interacción con los demás y las normas y prohibiciones culturales.

Es más importante utilizar premios para incentivar las buenas conductas que castigos para las inadecuadas. También hay que asegurarse de que el niño comprendió las indicaciones, pidiéndole que las repita y explique verbalmente.

Los padres deben tener en cuenta las características de cada edad y las propias del niño, para saber cómo y cuándo aplicar disciplina.

Es fundamental que los padres tomen en cuenta la opinión del niño (de acuerdo a la edad), le expliquen las consecuencias positivas y negativas (según la posibilidad de comprensión), prevean alternativas, le sirvan de modelo y no le envíen mensajes contradictorios.

# Capítulo 16

## Las separaciones

*No rías nunca de las lágrimas de un niño; todos los dolores son iguales.*

**Charles Van Lerberghe,** *escritor belga*

Desde muy pequeño, el niño es un ser que requiere el afecto y protección de los padres; necesita estar acompañado y atendido desde que nace. Por eso, cuando los padres deban dejar a sus hijos al cuidado de otros por diversos motivos, deben decidir muy bien quiénes van a ser. Puede ser un familiar, una empleada o una institución, pero en todos los casos son los padres los que deben dar las indicaciones sobre cómo quieren que atiendan y cuiden a su hijo.

### 25. ¿Qué tiene que hacer la madre/padre cuando deba ausentarse?

El niño debe ser preparado para ir separándose de sus padres de manera progresiva. En ningún caso se debe dejar al niño con personas que aún él no conoce bien, ni en su casa ni afuera (guardería, jardín, colonia, etcétera) sin un período de adaptación previa, para que se acostumbre paulatinamente a dicha/s persona/s o lugares. Los padres deberán comenzar por quedarse con el niño en la nueva situación para luego ir ausentándose por períodos muy breves que se podrán ir prolongando a medida que el niño se acostumbre. Cuando son más grandecitos y se los envía a una colonia o campamento conviene interiorizarse para explicarles con anticipación cómo va a ser el lugar, quién lo va a cuidar, cuáles serán las actividades y alentarlos a que pregunten y opinen sobre el tema.

Es posible que ante la ausencia de la madre, el niño muy pequeño reaccione al principio con llanto, tristeza, irritabilidad o dificultades para dormir, pues teme perderla, ya que no *sabe* si ella va a volver. También hay que tener en cuenta, en relación al tiempo que el niño está con los padres, que no sólo es cuestión de cantidad, sino de calidad. Es por eso conveniente que cuando por motivos de trabajo los padres estén poco tiempo con el hijo, este tiempo sea agradable y placentero.

> → **Cuando los padres deben dejar a sus hijos al cuidado de otras personas:**
> ✓ *Tienen que elegir cuidadosamente quiénes van a ser.*
> ✓ *Dar las indicaciones para el cuidado.*
> ✓ *Ir preparando al hijo paulatinamente.*

¡Los vemos pronto!

Además, es muy importante supervisar el cuidado que se le brinda al niño y estar atento a cualquier cambio negativo en su comportamiento habitual o comentario llamativo del niño, ya que puede ser el indicio de una situación conflictiva con sus cuidadores, que entrañe algún riesgo de índole psicológica o incluso física. Se debe poner especial atención a cambios en la conducta o en el estado anímico habitual en el niño, pero también en su salud: problemas de la alimentación (falta o exceso de apetito), dificultades del sueño (somnolencia, insomnio), retraimiento, tristeza, enojo, excitación, agresividad, trastornos orgánicos reiterados (resfriados, anginas, disnea, entre otros). Y también, si el niño ya utiliza el lenguaje, hay que prestar especial atención a los comentarios que haga acerca de su cuidador/a, para no pasar por alto cualquier conducta que pueda estar dañándolo. Cuando el niño es más grandecito, es conveniente hacerle preguntas más directas tales como: *¿Cómo lo pasaste?, ¿Qué hicieron?, ¿Cómo te sientes?.*

¡Cualquier problema nos llaman por teléfono!

Desde ya que es fundamental constatar de antemano el grado de capacidad, idoneidad, responsabilidad y edad de la persona que se hará cargo del cuidado del niño (no conviene que sea muy joven ni muy mayor), como así también las características de seguridad del lugar.

Es importante que los padres dejen los números de teléfonos donde contactarlos si fuera necesario y los números de teléfonos y direcciones para casos de urgencias: emergencias médicas (con número de afiliado), hospital más cercano, centro de intoxicaciones, pediatra, bomberos, policía, además de los teléfonos de aquellas personas de confianza a las que se puede recurrir en estos casos (tanto familiares como vecinos). Otra recomendación que resulta muy útil es dejar siempre en la casa algo de dinero, por si la persona encargada debe salir urgentemente con el niño a un centro asistencial.

Por otra parte, cuando los niños un poco más grandecitos se movilizan solos o con otros niños, es importante que tengan ellos mismos –y en lo posible que los recuerden de memoria– sus datos personales básicos como: nombre y apellido, dirección en la cual viven, números de teléfonos donde contactar a sus padres u otras personas que puedan ayudarlos en caso de necesidad. También, si el niño padeciera de alguna enfermedad crónica deberá estar al tanto de qué medicamento debe utilizar y de qué modo.

Y por último, existen casos en los que las separaciones son resultado del divorcio de los padres, con la consecuente ausencia del hogar de alguno de ellos. Es importante que se les explique a los hijos –de acuerdo a sus edades y capacidad de comprensión– que ellos no tienen ninguna culpa. Es habitual que frente al hecho de la separación de los padres, los niños puedan manifestar distintas emociones, conductas o trastornos como tristeza, aislamiento, agresividad, dificultades escolares y/o problemas del sueño o la alimentación. La mejor manera de hacer frente a estas manifestaciones propias de la crisis es transmitirles a los niños la seguridad de que se seguirán viendo e interactuando con ambos padres (aunque vivan con uno solo de ellos) y que a mediano plazo, la separación va a permitir que todos vivan más tranquilos y plenos.

Los padres deben seguir siendo una pareja de padres aunque no sean más una pareja conyugal y no deben utilizar a los hijos como rehenes, mensajeros o sustituto del compañero.

| **PARA REFLEXIONAR: Las separaciones** |
|---|
| Desde muy pequeño, el niño es un ser que necesita el afecto y cuidado de los adultos. |
| Es importante supervisar el cuidado que se le brinda al niño y estar atento a cualquier cambio negativo en su comportamiento (tristeza, enojo, excitación). |
| Es indispensable tener a mano los números de teléfonos y direcciones para casos de urgencias. |
| El niño debe saber que cuando los padres deciden divorciarse nunca la culpa es de él. |

# PARTE II

## Factores Fundamentales

# Capítulo 17

# La sexualidad

*El sexo es una trampa de la naturaleza para no extinguirse.*

**Friedrich Nietzsche, *filósofo alemán***

La sexualidad es más abarcativa que la genitalidad y existe en todas las personas desde el nacimiento. Va adquiriendo diversas características a lo largo del desarrollo hasta llegar a la plena genitalidad adulta. La sexualidad está relacionada directamente con el *instinto de vida*, que incluye tanto al instinto de conservación de la especie (*funciones reproductivas*) como al instinto de autoconservación (*funciones fisiológicas*). La actitud de los padres frente a la sexualidad y la forma en que transmiten e informan sobre la misma a sus hijos serán de vital importancia para el desarrollo, no sólo en el área sexual sino también en las demás áreas de la vida, ya que la sexualidad influye en la esfera emocional, intelectual y hasta en la esfera orgánica o corporal.

## 26. ¿Cuáles son las primeras preguntas de índole sexual y cómo responderlas?

Las primeras preguntas que suelen hacer los niños sobre el sexo pueden comenzar alrededor de los dos años, y son esencialmente tres:

* **La primera:** apunta a la diferencia sexual anatómica, *¿por qué los varones son distintos a las niñas?.*

* **La segunda:** se refiere al acontecimiento del parto o nacimiento, *¿por dónde nacen los bebés?.*

* **La tercera:** vinculada a la relación entre sexualidad y vida, *¿cómo se hacen los bebés?.*

Los padres deben brindar información lo más sencilla y verdadera posible para responder a estas preguntas, como lo hacen con otras tantas inquietudes que van surgiendo en los niños a medida que crecen. No se debe brindar más información de la que los niños solicitan pues ellos mismos dan la pauta de aquello para lo que ya están preparados, de lo contrario se aburren, se ponen nerviosos o se angustian. Respecto a la diferencia sexual se les explica que la misma se encuentra en las partes íntimas o genitales, que en el varón coincide con el lugar donde sale la orina o pis y se denomina *pene*, y en la mujer se denomina *vulva* o *vagina* y es un agujerito muy cerca de donde sale el pis. Para nombrar a los genitales conviene utilizar tanto los nombres familiares que el niño tenga incorporados como los nombres científicos. Se les debe explicar también que estas partes del cuerpo –partes íntimas o genitales– deben cuidarse como todo el resto del cuerpo (ojos, oídos, etcétera) y no deben ser mostradas ni dejar que sean tocadas por otros porque son privadas y muy delicadas.

> ➜ **¿Por qué los varones son diferentes a las niñas?:**
> ✓   *La diferencia está en las partes íntimas o genitales.*
> ✓   *En el varón el genital se denomina* pene *y en la mujer* vagina.

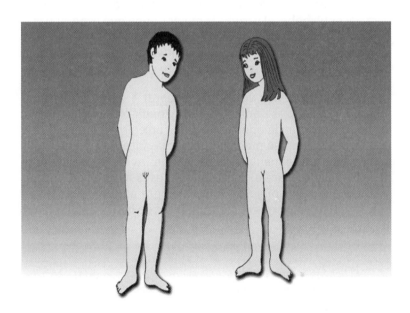

En cuanto a la pregunta de por dónde nacen, se sugiere decir que el bebé se forma en una bolsita dentro de la barriga de la mamá; primero es muy pequeñito y cuando crece sale por el

101

agujerito que se llama vagina. Para evitar contratiempos conviene además decirles que es mejor que sean sólo los padres de cada niño quienes hablen de estos temas con sus hijos cuando lo crean conveniente.

> → **¿Por dónde nacen los bebés?:**
>
> ✓ *Primero es muy pequeñito y cuando crece sale por el agujerito que se llama vagina.*

La pregunta de cómo se hacen los bebés puede responderse diciendo que el bebé se forma cuando se juntan dos mitades parecidas a semillitas: el *óvulo* que está adentro de la mamá y el *espermatozoide* que está adentro del papá. Si los niños continúan preguntando, se les puede explicar que para que se junten las dos mitades, las partes íntimas o sexuales de papá y mamá –la vagina y el pene– tienen que unirse y a esta unión se la denomina comúnmente *hacer el amor*. También se debe aclarar que para hacer un bebé, el varón y la mujer tienen que esperar hasta que sean grandes, pues recién entonces se van a forman esas semillitas –el óvulo y el espermatozoide– dentro del cuerpo de la mujer y del hombre, respectivamente.

Los niños pueden volver a preguntar a lo largo de su infancia, en reiteradas oportunidades, y pedir más explicaciones; los padres tendrán la oportunidad de corregir y aclarar algunas cuestiones y también pueden buscar más información en libros dedicados especialmente al tema. A veces es el padre el que tiene más facilidad para explicar, a veces es la madre (sobre todo si se trata de hijas mujeres), pero siempre es conveniente que intercambien opiniones entre ellos antes de hablar con los hijos.

> → **¿Cómo se hacen los bebés?:**
>
> ✓ *El bebé se forma cuando se juntan dos mitades parecidas a semillitas dentro de una bolsita en la barriga de mamá.*

Cuando los padres no se sienten seguros ante la pregunta imprevista del niño o están realmente ocupados en ese momento, pueden decirle que lo van a hablar luego, ya que es un tema importante que necesita de cierto clima de tranquilidad para que se entienda, pero no debe postergarse mucho la charla. A veces los niños no preguntan en forma explícita sino que lo hacen indirectamente, dependiendo del grado de comunicación y espontaneidad que exista entre padres e hijos.

Más allá de las posiciones personales o religiosas de los padres, desde el punto de vista del cuidado de la salud es indispensable que al llegar a la pubertad los niños tengan los conocimientos adecuados respecto a las relaciones sexuales, el embarazo, las enfermedades de transmisión sexual y los métodos anticonceptivos.

## 27. ¿Cuáles son los intereses sexuales predominantes en las diferentes etapas?

Es común preguntarse qué es normal y qué no lo es, con relación a los intereses sexuales de los niños. Los intereses sexuales se van modificando según las edades, de acuerdo a las zonas erógenas predominantes. Una zona erógena es toda región del revestimiento cutáneo-mucoso y también cualquier otra zona del cuerpo susceptible de producir placer.

Las principales *zonas erógenas* son: la boca, el ano, la uretra, la vagina, el pene y también el pezón. Estas zonas se apoyan sobre las funciones fisiológicas, a las que primero están unidas (de nutrición, de defecación, de eliminación de orina) y más tarde se independizan para producir placer por sí mismas, como la boca (con la que se realiza el chupeteo), que primero estuvo ligada a la succión del alimento. Tras la pubertad, cuando se arriba a la sexualidad genital adulta (función reproductiva), las zonas erógenas no reproductivas –la boca por ejemplo– contribuyen al placer preliminar al acto sexual.

**Intereses predominantes de acuerdo a la edad:**

♦ **Durante el primer año de vida:** transcurre la etapa oral, donde las funciones más importantes son primero succionar y luego morder.

♦ **Del 2° al 3° año:** tiene lugar la etapa anal, donde son más importantes las funciones de orinar y defecar.

♦ **De los 3 a los 5 años:** se establece la etapa fálica en la cual predomina el interés genital, la curiosidad por las diferencias sexuales, los juegos sexuales entre niños de diferente sexo –de mostrar y mirar– a través de jugar a la mamá y el papá, doctor y enferma, los novios, entre otros. Es común que el amor intenso que los niños sienten por sus padres se desplace a alguna figura extrafamiliar, por lo general, del sexo opuesto.

♦ **De los 6 a los 10 años:** transcurre el denominado *período de latencia*, en el que el interés por los temas sexuales no está en primer plano.

o Entre los 6 y los 8 años se instalan las formaciones reactivas como el asco, la vergüenza y los ideales estéticos y morales. El desarrollo del instinto de investigación, junto a los mecanismos obsesivos de control, orden y limpieza, favorecen el estudio y aprendizaje escolar. También hay una mayor tendencia a la sociabilidad y a la práctica de deportes.

o De los 8 a los 10 años son comunes los chistes, las risas tontas y el uso de palabras que hacen referencia a las funciones de eliminación o el sexo. Es normal que algunos niños desarrollen entre ellos juegos considerados sexuales porque involucran las áreas genitales (mirar, mostrar, tocar, ser tocado).

* **De los 10 a los 11 años:** se desarrolla la *prepubertad* con la aparición de los caracteres sexuales secundarios (vello, busto); pueden hablar sobre información sexual con niños del mismo sexo; interesados en los detalles de sus propios órganos y funciones, buscan fotos en libros, etcétera.

* **De los 11 a los 13 años:** se despliega la pubertad con la menarquia (primer flujo menstrual) en la mujer y la eyaculación (o presencia de semen en la orina) en el varón. Es el despertar de la sexualidad genital y del interés en el sexo opuesto, aunque hay algunos niños o niñas que pueden sentirse atraídos por alguien del propio sexo.

* **De los 13 a los 25 años:** transcurre la adolescencia, período que comienza en la pubertad y en la cual se va definiendo la identidad en base a la asunción del cuerpo adulto y del objeto sexual elegido. En esta etapa se inician las relaciones sexuales, se va conformando el rol laboral y social y se profundiza la desidealización e independencia de los padres de la infancia, dando lugar así al comienzo de la adultez.

Las edades aquí descritas varían según las culturas y características de cada niño.

→ **Intereses predominantes según la edad:**

✓ *1er año: funciones de succionar y morder.*

✓ *2 a 3 años: funciones de orinar y defecar.*

✓ *3 a 5 años: curiosidad por las diferencias.*

✓ *6 a 8 años: tendencia al estudio y deportes.*

✓ *8 a 10 años: pueden comenzar juegos sexuales.*

✓ *10 a 11 años: búsqueda de información sexual.*

✓ *11 a 13 años: despertar de la sexualidad genital.*

✓ *14 a 25 años: inicio de relaciones sexuales.*

Cuando los juegos denominados *sexuales* son realizados por niños que tienen diferentes edades o de la misma edad, pero uno de ellos es más fuerte o dominante, es conveniente estar alerta ya que puede tratarse, más que de un juego, de una situación abusiva.

**PARA REFLEXIONAR: La sexualidad**

La sexualidad existe en todas las personas desde el nacimiento y está relacionada directamente con el *instinto de vida* (instinto de autoconservación y de conservación de la especie).

Cuanto más natural y auténtica sea la actitud de los padres acerca del sexo y la información que brindan a sus hijos, según su edad e interés, más saludable será el desarrollo de ellos.

Al llegar a la pubertad los niños deben tener conocimientos respecto a: las relaciones sexuales, el embarazo, los métodos anticonceptivos y las enfermedades de transmisión sexual.

# Capítulo 18

## La autoestima

*La autoestima no es tan vil pecado como la desestimación de uno mismo.*

**William Shakespeare,** *escritor inglés*

La autoestima es fundamental para el desarrollo y el éxito en la vida del niño y puede ser definida como *los sentimientos de una persona acerca de todo lo que ella es* o también como *el concepto o valoración que uno tiene de sí mismo*. La autoestima depende en gran parte de la interrelación entre la percepción de uno mismo y lo que a uno le gustaría ser (lo que también se conoce como el *Ideal del Yo*). Cuando la autopercepción y este ideal coinciden en muchos aspectos, la autoestima es positiva. Cuando la percepción y el ideal están lejos de coincidir, la autoestima es negativa.

Un niño con baja autoestima no puede hallar aspectos de sí mismo que le hagan sentirse bien, y esto repercute en su forma de pensar y de actuar. A veces la autoestima negativa es generalizada y en otros casos se circunscribe a determinadas áreas como la corporal, la familiar, social o escolar.

## 28. ¿Cómo se forma la autoestima?

La autoestima se va formando desde que el niño nace y se consolida alrededor de los 6 años. Lo más o menos valioso que un niño se sienta dependerá en gran parte, primero, del amor y actitud de los padres y otras figuras significativas, y luego, de las metas, exigencias o ideales de los propios niños, influenciados o no por los padres. Por ejemplo, en un caso un padre desea que su hijo sea una figura del fútbol y el pequeño desea lo mismo y se siente importante cuando puede concretar su deseo de jugar al fútbol en forma exitosa; en otro caso, la niña es inducida a realizar grandes sacrificios para descollar en una carrera de danzas que a ella en el fondo no le interesa –o para la cual no tiene las condiciones que se exigen– y al no triunfar termina sintiéndose inferior.

Estas metas que los niños o los padres se proponen –consciente o inconscientemente– están íntimamente relacionadas con la autoestima y pueden o no ser alcanzables, dependiendo de la edad, capacidad y características del niño. Por eso, es preciso ser cuidadoso ya que las exigencias parentales muy elevadas o que no concuerdan con las realidades o posibilidades de desarrollo del hijo pueden derivar en sentimientos de inferioridad, (inhibición, humillación, desvalorización) cuando el niño siente que no logra alcanzar estas exigencias. A su vez, esto puede determinar conductas tanto de pasividad (ser constante objeto de burlas, no saber defenderse de agresiones, aislarse) como de temeridad e incluso de alto riesgo (involucrarse en peleas callejeras, correr *picadas*, tener conducta sexual promiscua, etc.) como un intento *erróneo* de recomponer su imagen y elevar su autoestima.

Pero por otra parte, también la autoestima puede estar influenciada negativamente por padres que desvalorizan al hijo de diversos modos, ya sea porque el eventual éxito de éste puede ser vivido como una amenaza a su propia valoración o por otras circunstancias relacionadas con la historia personal y/o familiar de cada pareja de padres.

En síntesis, es básicamente la actitud de los padres hacia el niño la que determina la valoración que el niño tendrá tras sí mismo.

> ➜ **La autoestima está directamente influenciada por:**
>
> ✓  *El amor y actitud de los padres.*
>
> ✓  *Los ideales y exigencias del niño.*
>
> ✓  *Los ideales y exigencias depositadas en él por los padres u otras figuras significativas.*

Es necesario reconocer -tanto para los padres como para los hijos- que todo niño es importante mas allá de sus deseos, ideas, sentimientos, capacidades y características físicas, y se sentirá valioso en la medida en que sea respetado y querido con sus propias particularidades, que suelen ser diferentes de las de las demás personas.

## 29. ¿Cómo influir en la autoestima?

Los padres deben criar a sus hijos en un ambiente de respeto y comprensión sin exigirles aquello para lo cual el niño no está preparado o que no desea, a menos que se trate de cuestiones vitales. Pero sí deben estimular y alentar al niño cuando tiene dificultades en lograr las metas que desea o que son imprescindibles para su desarrollo, entendiendo que todo aprendizaje lleva un tiempo de ensayo y error y cada niño tiene su propio estilo.

Además, todo niño tiene ciertas características que determinan que algunas cosas le resulten más fáciles o más difíciles que a otros niños. Por eso no se debe comparar al niño con otros haciendo comentarios del estilo *si Fulanito puede tú también tienes que poder.*

Es importante para los hijos sentir el permanente afecto y comprensión de parte de los padres a través de gestos y actitudes (besos, caricias, abrazos, sonrisas, compartir actividades como jugar, leer, hacer deberes); palabras de cariño y de elogio como por ejemplo: *te amo, qué buena que eres, gracias por ayudarme, qué gran idea que tuviste;* frases y preguntas que ayuden a aclarar y entender los sentimientos, necesidades y conductas de los niños como: *te noto triste hoy, hay algo que te hace sentir mal.*

> → **La autoestima suele ser alta cuando los padres:**
>
> ✓ *Crían a los hijos en un ambiente de respeto y comprensión.*
>
> ✓ *Quieren a los hijos con sus propias características.*
>
> ✓ *Estimulan a los hijos cuando tienen dificultades.*
>
> ✓ *Expresan a los hijos su cariño.*

Es fundamental que el hijo sea aceptado y querido por sus padres como alguien que además de ser parte de ellos es también único y diferente desde un comienzo, de manera que pueda ir adquiriendo confianza en sí mismo y desarrollando su autoestima. Poseer una autoestima positiva permitirá al niño sentirse importante, expresar sus propias ideas, hacer valer sus deseos, no someterse arbitrariamente a la voluntad de los otros y poder defenderse adecuadamente en la vida. En este sentido también es importante que los niños aprendan a observar, reflexionar y opinar sobre diversos aspectos de la vida. La búsqueda de la verdad y el cuestionamiento debe ser incentivada por los padres para que los hijos puedan discriminar entre la verdad y la mentira, entre la autenticidad y el engaño.

Por mejores capacidades físicas y mentales que posea, una persona con baja autoestima puede ser un rotundo fracaso en la vida. La autoestima es fundamental para el desarrollo y el éxito en la vida. Cabe aclarar que una persona con una autoestima exagerada (narcisista) también suele tener dificultades cuando tiene que enfrentarse con la cruda realidad.

## 30. ¿Por qué es difícil revertir la autoestima negativa?

Si bien es principalmente la actitud de los adultos hacia el niño pequeño lo que determina la autoestima negativa, ésta se sostiene luego en distorsiones cognitivas (conceptos erróneos), generalmente basadas en la idea de perfección, entre las cuales están:

- ◆ **Sobregeneralizar:** sacar conclusiones basándose en un solo incidente: *si algo salió mal no sirvo para nada, no vale la pena volver a intentar.*

- **Pensamiento dicotómico:** de todo o nada, o sea, *si no es perfecto no sirve.*

- **Abstracción selectiva:** centrarse en un detalle negativo.

- **Personalizar:** responsabilizarse siempre de los sucesos negativos.

→ **La autoestima negativa es difícil de revertir porque suele:**

✓ *Estar influenciada por la actitud de los adultos.*

✓ *Sostenerse en distorsiones cognitivas.*

✓ *Basarse en la idea de perfección.*

Un detalle interesante es que el niño con baja autoestima suele rechazar a quienes lo valoran: dado que no se siente digno de aprecio no valorará a quien lo aprecia. En cambio es atraído por aquellos que lo desvalorizan, generando así un círculo vicioso donde él siempre siente que vale menos y el otro más. En este último caso, el niño desvalorizado termina acatando, sin cuestionarse, la voluntad o las ideas del otro, ya sea porque lo sobrevalora, le teme o cree a pie juntillas en todo lo que dice. Dadas estas características, estos niños son más vulnerables a verse involucrados en situaciones de sometimiento, engaño y abuso por parte de personas inescrupulosas y manipuladoras, que poseen mucha habilidad para detectar a los niños con baja autoestima, a quienes se acercan generalmente como guías o protectores, en quienes el niño cree que puede confiar.

Es posible mejorar la autoestima negativa ayudando al niño a modificar la percepción de sí mismo por una más benigna; colaborando a modificar su ideal por uno más adecuado a sus posibilidades; o a veces, centrándose en un área problemática (por ejemplo la lecto-escritura o la actividad física en la escuela) y tratar de mejorarla.

Pero en los niños que padecen problemas importantes de autoestima es indispensable la consulta con un psicólogo porque, entre otras cosas, un niño con baja autoestima tiende también a sentirse culpable sin que existan motivos reales. Esto sucede porque además del amor de los padres y del Ideal del Yo, la autoestima depende muy fuertemente de otro factor: la Culpa.

Muy frecuentemente la baja autoestima se entrelaza con el *sentimiento de culpa*. Por ejemplo, cuando hay carencia afectiva y abunda la descalificación por parte de los padres hacia los hijos, los sentimientos de inferioridad del niño suelen estar acompañados por sentimientos de culpa porque cree no ser merecedor del cariño ni del reconocimiento de los padres, los amigos o la sociedad.

La noción de *sentimiento de culpa* en las corrientes psicológicas actuales no está tan presente ni posee la relevancia que supo tener en otras épocas. Sin embargo, se trata de un fenómeno cuya significación es decisiva en la vida psíquica de los seres humanos. Es por eso que vamos a profundizar aquí sobre este concepto.

A grandes rasgos, podemos decir que el sentimiento de culpa designa un estado afectivo posterior a un acto que realiza el sujeto y que considera reprochable, como haber causado un daño o transgredido una norma. Aunque también se utiliza como sinónimo de *causa* (por ejemplo: quien causó o fue culpable de determinada acción nociva), más unido al concepto de *responsabilidad* en relación a ciertos actos.

## 31. ¿Cómo se adquiere el sentimiento de culpa normal?

Este sentimiento de culpa se va formando entre los 3 y los 5 años y es precedido por una forma de culpabilidad que podemos denominar *primitiva*: la angustia a perder el amor de los padres. Es recién con la interiorización de la autoridad paterna en forma de *conciencia moral* (alrededor de los 5 años) cuando se puede hablar de culpa. Podemos entonces decir, de manera general, que el sentimiento de culpa está ligado a términos como *prohibición*, *trasgresión*, *delito* y *castigo*, pero también puede desplazarse y/o extenderse a diversas situaciones de la vida, muchas de ellas triviales.

La formación de esta culpa dependerá de la índole de los sentimientos (agresivos y/o amorosos) que se activen y predominen en los vínculos con los padres. En ellos posee especial importancia la intervención del padre, o sustituto, que al ejercer la llamada *función paterna* introduce las prohibiciones culturales que permiten al niño salir de la temprana relación simbiótica con la madre para ir independizándose y pasar a integrar parte de la sociedad. El grado de intervención del padre o sustituto en el vínculo madre-hijo puede ser un motivo que determine la intensidad del sentimiento de culpa del niño.

Cuando el padre impone ciertas reglas pero también se somete a ellas favorece la formación de un sentimiento de culpa normal, que es necesario para poder convivir en sociedad. Pero si el padre es excesivamente autoritario, *castrador*, prohibitivo o punitivo, el sentimiento de culpa del niño puede estar muy aumentado y producir trastornos de variada intensidad, que mencionaremos más adelante. En el otro extremo, cuando el padre es muy permisivo, el sentimiento de culpa del niño suele ser muy débil y –como no hay respeto por las reglas– conducir a actos contrarios a los aceptados por la sociedad.

> → **El sentimiento de culpa:**
> ✓ *Se constituye entre los 3 y 5 años.*
> ✓ *Será mayor si la función paterna es excesiva.*
> ✓ *Será menor si la función paterna es débil.*
> ✓ *Está ligado frecuentemente a la autoestima.*

Y por último, la falta absoluta de función paterna o culturización puede determinar casos de patologías graves donde no sólo no hay culpa, sino tampoco conciencia de los actos realizados.

## 32. ¿Qué situaciones pueden originar el sentimiento de culpa excesivo?

Si bien el exceso de *función paterna* (padres muy autoritarios) es un factor muy importante en relación al sentimiento de culpa del niño, muchas veces algunos hechos lamentables que ocurren mientras el niño es muy pequeño –antes que se forme el sentimiento de culpa– suelen adquirir luego nuevos significados, y ya más grandecitos los niños pueden sentirse culpables por hechos pasados en los cuales no tuvieron ninguna responsabilidad. Esto ocurre, por ejemplo, en los casos en que los niños han sido víctimas de abuso sexual, físico y/o emocional, aun desde muy pequeños.

También pueden los niños, sin ningún motivo valedero, sentirse culpables por la muerte de un familiar o por algún otro acontecimiento traumático en la familia, como peleas entre los padres, divorcio, etcétera. Es también común el sentimiento de culpa no sólo por haber dañado, sino por creer haber dañado o no haber podido proteger de un daño a un ser querido.

El sentimiento de culpa, además, puede tener su origen en acciones, sentimientos y pensamientos agresivos hacia otras personas, sean éstas queridas o no. Y también es muy común en las personas que no se animan a ser, tener, saber o parecer más que otras (ganarle al padre un partido de tenis, usar ropa más costosa que la directora, etcétera).

Puede darse también la culpa en aquellos que sobrevivieron a situaciones trágicas en las que otros perdieron la vida. Y por último, en algunos casos el sentimiento de culpa puede deberse simplemente a la identificación con una persona muy querida de personalidad culposa.

> **→ Situaciones que pueden originar el sentimiento de culpa excesivo:**
>
> ✓ *Padres muy autoritarios.*
>
> ✓ *Hechos sucedidos en la temprana infancia en los cuales no hubo ninguna responsabilidad, pero no fueron comprendidos.*
>
> ✓ *Actos o pensamientos agresivos hacia otros.*
>
> ✓ *Temor a ser o parecer más que otros.*
>
> ✓ *Identificación con un ser querido de rasgos culposos.*

Los sentimientos de culpa, aun inconscientes, pueden dar lugar a cuadros de depresión, angustia, ansiedad, accidentes, trastornos psicosomáticos de diversa intensidad, entre otros. También pueden llevar a situaciones de fracaso en diversas áreas de la vida, pérdida importante de objetos o dinero. En casi todos estos casos parece haber lo que se conoce como *necesidad inconsciente de castigo* y hasta se puede decir que algunas personas pueden llegar a cometer actos reprobables en busca del castigo como forma de alivio. A veces la culpa es tan constante, dolorosa e insoportable que se proyecta o desplaza en forma inconsciente sobre otros, a los que se intenta convertir en los *nuevos culpables.*

En algunos casos, la persona culposa, creyendo así poder sobrellevar mejor su propia vida, se *asocia* con alguien generalmente dominante y con escaso sentimiento de culpa. Aunque también esta relación –que es de sometimiento– puede deberse a una elección basada en el vínculo temprano con una madre o padre muy autoritario o abusivo, o con alguna persona autoritaria que haya sido muy valorada por los padres.

## 33. ¿Cómo evitar en los niños el sentimiento excesivo de culpa?

Además de una crianza con cariño, la recomendación primordial para minimizar el sentimiento de culpa es no culpabilizar innecesariamente a los niños durante su educación y formación. También, ante situaciones traumáticas (accidentes, muertes, abuso, negligencia, etcétera) hay que hablar de lo sucedido evitando que el niño se sienta culpable de la situación. En los casos en que el niño hubiera tenido alguna intervención no intencional en el hecho ocurrido, hay que hacerle entender que si bien pudo haber cometido un error, en vez de sentirse culpable debe servirle de aprendizaje.

→ **Para evitar la culpa excesiva:**

✓ *No culpabilizar innecesariamente.*

✓ *Hablar de lo sucedido.*

✓ *Explicar que todos pueden cometer errores.*

El sentimiento de culpa suele dar lugar al sentimiento de vergüenza cuando el niño se siente responsable de algún acto incorrecto pero que a la vez ha sido constatado por un tercero (por ejemplo, volcar la taza de leche ante los padres de un compañerito, durante la merienda, al ser invitado a la casa de éste).

## 34. ¿Cómo se manifiesta la baja autoestima en los niños?

Entre las múltiples *manifestaciones* de la baja autoestima que pueden aparecer en los niños, podemos nombrar las siguientes:

- **Sentimiento de inferioridad:** desvalorización.

- **Sometimiento:** obediencia extrema al deseo de otros.

- **Sentimiento de culpa intenso:** autorreproches, necesidad inconsciente de castigo, autocastigos.

- **Accidentes:** caídas, golpes, lastimaduras.

- **Pérdidas:** de objetos, de dinero.

- **Fracaso:** en la escuela u otros ámbitos.

- **Sobreadaptación:** hiperresponsabilidad, síndrome del *niño perfecto*.

- **Trastornos Psicosomáticos:** enfermedades diversas.

- **Depresión:** tristeza, llanto, desesperanza, inhibición, abulia, aburrimiento, poca perseverancia, sueño exagerado, insomnio.

- **Síntomas ansiosos:** angustia, ansiedad, inestabilidad emocional, hostilidad, hiperactividad.

- **Conductas antisociales:** promiscuidad, alcoholismo, drogadicción.

| → Algunas manifestaciones de la baja autoestima: |
| --- |
| ✓ Sentimiento de inferioridad. |
| ✓ Sometimiento. |
| ✓ Sentimiento de culpa intenso. |
| ✓ Accidentes. |
| ✓ Pérdidas. |
| ✓ Fracaso. |
| ✓ Sobreadaptación. |
| ✓ Trastornos Psicosomáticos. |
| ✓ Depresión. |
| ✓ Síntomas ansiosos. |
| ✓ Conductas antisociales. |

Cabe aclarar que si bien algunas de estas manifestaciones de la baja autoestima pueden aparecer en forma aislada, muchas veces suelen presentarse combinadas. En otras ocasiones, las mismas van variando a través de los años y, por ejemplo, no es inusual que tras la apariencia del niño *sin problemas* se esconda una personalidad *sobreadaptada*, que si no es detectada a tiempo puede desarrollar en la adolescencia trastornos psicosomáticos, depresiones y dificultades importantes en el estudio o en el trabajo.

No queremos dejar de mencionar que, paradójicamente, algunos individuos en cuyas infancias hubo frecuente maltrato o negligencia logran sobreponerse de manera tal que pueden desarrollar, en compensación, una autoestima tan elevada como la de aquellos que fueron muy valorados. Por el contrario, personas extremadamente valoradas de niños parecen necesitar una fuente externa de afecto en forma permanente para sentirse valiosos, en especial si no han logrado autonomía y personalidad propias, independientes del núcleo familiar primario.

Por todo lo dicho, vemos aquí que son muchas las variables que entran en juego en el desarrollo de la autoestima de los niños. Pero sin duda, el permanente afecto, comprensión, cuidado y educación que los padres brinden al hijo –en especial en sus primeros años de vida– van a determinar en el niño una autoestima adecuada para enfrentar las vicisitudes de la vida.

| **PARA REFLEXIONAR: La autoestima** |
|---|
| La autoestima puede ser definida como *el concepto que uno tiene de sí mismo.* |
| La comparación entre la percepción que el niño tiene de sí mismo y aquello que le gustaría ser determina, en parte, la autoestima. |
| La capacidad de los niños de defenderse y no someterse indiscriminadamente a la voluntad de los otros está estrechamente ligada a la autoestima positiva. |
| La autoestima es un factor fundamental en la posibilidad del éxito o fracaso en la vida. |
| El sentimiento de culpa *excesivo,* consciente o inconsciente, puede provocar la baja autoestima y otros trastornos graves en los niños. |
| Los padres deben criar a sus hijos con afecto y no culpabilizarlos innecesariamente. |
| Todo niño se sentirá valioso si es querido y aceptado como un ser único con sus propias características. |

# Capítulo 19

## La inteligencia

*La inteligencia busca, pero es el corazón quien encuentra.*

**George Sand,** *escritora francesa*

Junto con el afecto, la inteligencia es uno de los dos polos sobre los cuales gira el desarrollo mental de un niño. Esta esfera intelectual puede ser influida, de manera positiva o negativa, por factores orgánicos y emocionales.

La inteligencia no es un concepto tan fácil de definir y es por eso que existen distintas teorías sobre ésta facultad del cerebro humano. Mientras algunas destacan la capacidad para el pensamiento abstracto, otras la relacionan con la destreza en la amplitud de vocabulario o de conocimientos nuevos y habilidades.

También la inteligencia ha sido definida como *la capacidad que tienen las personas para adaptarse al mundo circundante por medio del pensamiento*, resolviendo los problemas que van surgiendo en el transcurrir de la existencia. La misma incluye la capacidad para elaborar los productos necesarios para dichos fines. Entendemos que la adaptación implica no sólo la capacidad de acomodarse al medio, sino también la capacidad de modificar el medio para poder asimilarlo o utilizarlo.

Podemos decir que son múltiples los elementos que pueden combinarse, en diferentes proporciones, para dar por resultado lo que comúnmente se considera una conducta inteligente. Entre estos factores intervinientes podemos nombrar los siguientes: potencial genético, aprendizaje, deseo, necesidad, intuición, creatividad, autoestima, oportunidad, perseverancia, planificación, adaptación a la realidad.

No resulta tan fácil definir cuándo determinada persona es *inteligente*, porque aunque el coeficiente intelectual es un factor muy importante a tener en cuenta, no siempre va a dar como resultado una conducta exitosa, como puede ser el caso de una persona con un alto coeficiente intelectual pero muy perturbada emocionalmente. Por otro lado, existen personas inteligentes que utilizan su intelecto con astucia, pero para llevar a cabo acciones moralmente reprobables.

### 35. ¿Hay una sola clase de inteligencia?

En los últimos años ha surgido la teoría de las *inteligencias múltiples* que considera todas las capacidades de una persona como *inteligencia*. Esto ha dado lugar a clasificar la inteligencia en distintos grupos, cada uno de los cuales permitiría desarrollar con mayor facilidad determinadas habilidades, profesiones u oficios. Por ejemplo:

♦ **Inteligencia lógico-matemática:** contadores, científicos, matemáticos, ingenieros, programadores de computación y analistas financieros.

- **Inteligencia cinético-corporal:** bailarines, gimnastas, atletas, artesanos y cirujanos.

- **Inteligencia lingüística:** escritores, periodistas, abogados, publicistas y poetas.

- **Inteligencia musical:** compositores, intérpretes y directores de orquesta.

- **Inteligencia espacial:** ingenieros, arquitectos, cirujanos, marinos, geógrafos, pilotos, escultores y pintores.

- **Inteligencia interpersonal:** profesores, líderes religiosos, médicos de cabecera, vendedores y políticos.

- **Inteligencia intrapersonal:** mediadores y psicoterapeutas.

Todo niño suele tener una predisposición –que no siempre se manifiesta a una edad prefijada– por alguno o varios de estos campos y es aconsejable que aquellos padres que, a través del tiempo, noten una predilección especial de sus hijos por algún tema o actividad traten de estimularlos en esas áreas y, de acuerdo a sus aptitudes, busquen un colegio o una actividad extraescolar que les permita desarrollarlas. Sin embargo, también es común que los padres se preocupen por el futuro profesional de sus hijos cuando, ya adolescentes, no muestran una clara definición en sus preferencias, o eligen un área que no coincide con las expectativas de los padres o que no es redituable desde el punto de vista económico. En estos casos, hay que evitar impacientarse y tener en cuenta que durante la infancia y la adolescencia los intereses van variando de una etapa a otra hasta que conforman finalmente una *vocación*. Por último, en aquellos adolescentes cuya indecisión se prolonga demasiado es recomendable alguna orientación profesional o terapéutica, ya que puede ser la manifestación de algún conflicto.

| → Existen diversas clases de inteligencia: |
| --- |
| ✓ *Lógico-matemática.* |
| ✓ *Cinético-corporal.* |
| ✓ *Lingüística.* |
| ✓ *Musical.* |
| ✓ *Espacial.* |
| ✓ *Interpersonal.* |
| ✓ *Intrapersonal.* |

En cuanto a la evolución de la inteligencia en el niño, ésta atraviesa básicamente los siguientes *períodos*:

→ *Sensorio motriz* (de 0 a 2 años): partiendo de las primeras conductas reflejas, el bebé tiene un conocimiento práctico del modo en que las cosas se conducen cuando él las manipula pero no comprende el porqué. Por ejemplo, sabe que al presionar una tecla suena un timbre o se enciende la luz, pero no sabe el motivo.

→ *Pensamiento preoperatorio* (de 2 a 5 años): con la adquisición de la función simbólica (la capacidad de pensar y la adopción del lenguaje), puede nombrar objetos y situaciones para reconstruir una acción pasada o imaginada. Por ejemplo, está en condiciones de contarle a su mamá que al abrir la puerta se escapó el gato. Pero a pesar de este gran progreso, todavía le falta un largo camino en la evolución de su inteligencia, que aún no puede centrarse en forma simultánea en más de un aspecto de la realidad. Por ejemplo, si al inicio de esta etapa al niño se le muestra una barra de chocolate entera y la misma barra partida al medio, puede creer que la entera tiene más, porque es más larga, o que la partida al medio tiene más, porque son dos. Su atención se centra en un solo aspecto a la vez: el largo o la cantidad (lo que además suele ser motivo de peleas interminables con sus pares). Pero ya al final de este período logra adquirir una capacidad intelectual, denominada *conservación de la sustancia*, que le permite comprender que aunque un objeto cambie de forma, si no se quitó ni se agregó nada, la cantidad de material sigue siendo la misma.

→ *Operaciones concretas* (de 5 a 11 años): en este período el niño adquiere la capacidad de lo que se denomina *seriación, clasificación* y *causalidad,* aunque por ahora necesita la presencia del objeto material para llevarlas a cabo. La seriación es la operación que permite al niño ordenar objetos de mayor a menor. A su vez, mediante la clasificación, logra agrupar todos los objetos del mismo tamaño o color. Y la operación de *causalidad* aporta la capacidad de entender que –por ejemplo– una torre formada por cubos se caerá si se la inclina demasiado.

→ *Operaciones formales* (desde los 12 años): la adquisición del pensamiento abstracto le permite realizar complejas operaciones mentales sin la necesidad de experimentarlas o comprobarlas en forma concreta. Por eso, en esta etapa puede hacer cálculos matemáticos mentales y deducciones lógicas, cada vez más complejos, a medida que crece y adquiere más conocimientos.

Teniendo en cuenta estas etapas de la inteligencia, los padres pueden entender el razonamiento que siguen los niños a cada edad, para encontrar el modo de interactuar de acuerdo al nivel en que se encuentren. También pueden favorecerlos en su desarrollo ofreciéndoles juguetes y juegos didácticos que estimulen las capacidades que van adquiriendo.

Las edades aquí descriptas pueden variar de acuerdo a las características culturales, sociales e individuales de cada niño.

## 36. ¿Qué factores pueden afectar la inteligencia?

La inteligencia es una capacidad con un potencial genético que puede verse influenciado por diversos motivos. Entre los factores que pueden intervenir positivamente podemos nombrar la alimentación, la estimulación temprana y la educación. Entre los que pueden incidir negativamente están los factores orgánicos, como por ejemplo el estado psicofísico desfavorable de la madre durante la gestación, malnutrición, falta de estimulación, trastornos neurológicos o déficit visual o auditivo no compensado. Pero también pueden existir motivos de índole emocional que producen mucha angustia (separaciones, muertes, etc.) y que parecieran afectar la inteligencia, dado que el foco de la atención está puesto en otro lado. Para descartar y/o tratar de corregir los trastornos de origen orgánico siempre es necesario un estudio médico exhaustivo lo más temprano posible, sin esperar el inicio de la escolaridad.

La presencia de factores emocionales hace que, por ejemplo, en algunos niños aparentemente normales a veces se presente un desfase entre su potencial intelectual y su desenvolvimiento general, especialmente escolar. En otros, se ve un bajo rendimiento intelectual que mejora después de una psicoterapia. En ambos casos debemos sospechar la existencia de factores causales psicológicos que inciden negativamente en el desarrollo intelectual y que pueden derivar de procesos no del todo conscientes –no *querer saber* por ejemplo– que él utiliza para aislarse de una realidad cuya comprensión le produciría mucha angustia. En este proceso se puede ver dañada la capacidad intelectual del niño y por ende su capacidad de comprensión y también de adaptación. También puede ocurrir que una situación traumática en la vida del niño, presente o pasada, esté acaparando, conscientemente o no, toda su atención y energía y le impida desplegar todo su potencial intelectual.

> **→ La inteligencia puede verse afectada por varios factores:**
> ✓ *Factores orgánicos: malnutrición, trastornos neurológicos, déficit visual o auditivo no compensado.*
> ✓ *Factores emocionales: separación, enfermedad, muerte.*
> ✓ *Es necesario siempre un diagnóstico diferencial.*

Aunque ya estén presentes, la mayoría de los problemas suelen hacerse evidentes cuando el niño entra al colegio, pues allí se convierten en dificultades de aprendizaje o de relación. Otras veces, los trastornos aparecen en otras áreas del desarrollo (la alimentación o el sueño, por ejemplo) o tardan varios años en manifestarse.

## 37. ¿Cuáles son los trastornos de aprendizaje más frecuentes?

Partiendo de una realidad desconocida, el niño deberá realizar una serie de funciones que le permitirán conocer el mundo en el cual vive. Para comprender mejor los trastornos de aprendizaje, debemos tener en cuenta que la inteligencia se vale de las siguientes *funciones*:

- **Percepción:** de los datos de la realidad a través de los órganos sensoriales.

- **Memoria:** o conservación de los datos de la realidad.

- **Elaboración:** por combinación de datos o pensamiento propiamente dicho (analizar, evaluar, juzgar), cuya finalidad última sería realizar la conducta más adecuada para el logro de una meta deseada.

Los trastornos pueden centrarse en cualquiera de estas 3 funciones de la inteligencia.

La distorsión en la percepción de la realidad se puede considerar un trastorno grave. Cuando esto ocurre, más que un trastorno de aprendizaje podemos hablar de un trastorno serio de la personalidad. Aunque cierta subjetividad pueda existir, se puede definir la realidad como aquello que se percibe por dos o más sentidos y que es compartido por al menos dos personas.

En cambio, las *dificultades* más comunes del aprendizaje incluyen las de memoria y de razonamiento:

- **Las dificultades de memoria:** (el alumno olvidadizo), pueden presentarse acompañadas de dificultades de atención (el alumno distraído), de concentración (el alumno inconstante), falta de interés (el aburrido), cansancio (el fatigado), rechazo al colegio (desinterés).

- **La falta de comprensión:** o dificultades para conceptuar, juzgar o razonar pueden dar lugar en el niño a actitudes reactivas como la burla hacia sí mismo o hacia los demás (*hacerse el payaso*) o simplemente un sentimiento de tristeza.

Estos trastornos específicos de la inteligencia pueden estar acompañados por otros trastornos como los de conducta, por ejemplo: timidez excesiva (retraído), conducta agresiva (revoltoso), falta de creatividad o de imaginación (inhibido), pero también puede haber fantasías atípicas que se observan a través de juegos y dibujos. En cuanto a las consecuencias más comunes y concretas de los trastornos de aprendizaje podemos nombrar a las dificultades en la lectura o la escritura, en las matemáticas y el razonamiento lógico.

→ **Los trastornos de aprendizaje más frecuentes son:**

✓ *Dificultad en la lecto-escritura.*

✓ *Dificultad en las matemáticas.*

✓ *Dificultad en el razonamiento lógico.*

Cuando el niño tiene problemas en el rendimiento escolar es importante tratar de determinar cuál es el verdadero origen del problema para poder ayudarlo, en lugar de culpabilizarlo o enviarlo sin más *a la maestra particular*. Para conocer ese origen suele ser necesario un psicodiagnóstico realizado por un profesional, quien determinará cuáles son las mejores estrategias a seguir en cada caso.

Otras dificultades en el aprendizaje pueden deberse a las siguientes causas: rechazo del tema de estudio, rechazo de la situación de estudio que requiere ciertas condiciones, como la capacidad de estar solo, superar el sentimiento de impotencia y envidia ante otro que sabe más, tolerar el momento de tensión ante lo desconocido y controlar la ansiedad por el tiempo que demanda el proceso de conocer.

| PARA REFLEXIONAR: La inteligencia |
| --- |
| La inteligencia es la capacidad que tienen las personas para adaptarse al mundo, acomodándose a él pero también modificándolo. |
| La teoría de las *inteligencias múltiples* considera como *inteligencia* a todas las capacidades de una persona. |
| La inteligencia puede verse afectada por factores psicológicos. Esto influirá en el desenvolvimiento del niño en la esfera escolar, social y luego laboral. |
| Los padres deben buscar ayuda cuando los hijos tienen problemas de aprendizaje, en lugar de reprenderlos. |

# Capítulo 20

## La interacción

*No les evitéis a vuestros hijos las dificultades de la vida, enseñadles más bien a superarlas.*

**Louis Pasteur,** *químico y biólogo francés*

La vida familiar de los primeros años forjará las bases para que los niños puedan ingresar a una nueva etapa que comienza con la vida escolar (que suele iniciarse al ingresar al jardín de infantes a los tres años), pasando así del egocentrismo inicial a la etapa del compañerismo.

La entrada a la escuela primaria requiere del niño que haya madurado intelectualmente para poder aprender los contenidos del programa escolar, pero previamente, desde que asiste al Jardín, debe ser capaz de integrarse con otros niños de su edad.

## 38. ¿Cuáles son los elementos básicos de la interacción interpersonal?

Hay una serie de elementos de la Interacción familiar que facilitarán la inserción del niño en diferentes grupos: escolar, deportivo, social, etcétera. Estos *elementos* son los siguientes:

*   **Respeto:** consiste básicamente en aceptar que cada niño tiene derecho a poseer sus propios deseos, sentimientos e ideas y vivir de acuerdo con ellos, siempre que esto no dañe a los demás. El respeto por uno mismo debe extenderse al respeto por los demás.

*   **Afecto:** puede ser expresado en infinidad de conductas: acariciar, abrazar, jugar, estar juntos, decir cosas gratificantes, etcétera. Cuando los padres tienen dificultades para relacionarse afectivamente con sus hijos, muchas veces demuestran su afecto ofreciendo en exceso bienes materiales o preocupándose en demasía por la salud física.

*   **Confianza:** los miembros de cada familia deben poder confiar los unos en los otros y establecer límites sanos entre ellos; a la vez, deben poder crear vínculos amistosos con personas de afuera. Confianza significa

también creer en la capacidad que cada uno tiene de aprender de los errores y de cambiar de manera positiva, para enfrentar mejor la vida. La confianza se va desarrollando a medida que las experiencias positivas van predominando sobre las negativas.

◆ **Humor:** el buen humor ayuda a aflojar las tensiones propias de la vida, permite aceptar aquellas cosas de la vida difíciles de modificar y hacer frente a la adversidad. El humor sano consiste en reír junto a otros y no a costa de otros; humor no es avergonzar, criticar o molestar a otros.

◆ **Valores:** es conveniente tener ideas claras y coherentes sobre lo que consideramos bueno o malo, verdadero o falso, o lo que es importante o no. Los valores pueden transmitirse a los niños verbalmente o a través de los libros y de los juguetes que les ofrecemos, o de la forma de vida que desarrollamos; pueden involucrar diferentes aspectos de la realidad, como el amor, la violencia, la religión, el sexo, el dinero, la cultura, la belleza, temas que deben tratarse progresivamente de acuerdo con la edad de los niños. En el grupo de pares, los niños en edad escolar suelen destacar –y deben ser estimulados a hacerlo– valores como la lealtad, la justicia, la solidaridad, la amistad, la responsabilidad y el honor, entre otros.

◆ **Reglas:** están basadas en los valores, y –al igual que los mismos– pueden ser explícitas o no. Además, deben ser consistentes y tener sentido para permitir que actuemos de manera adecuada en gran parte de la vida diaria, sin tener que detenernos a analizar cada cosa que hacemos.

◆ **Flexibilidad:** si bien las reglas son necesarias para que cada uno sepa cómo comportarse y qué esperar de los demás, deben ser periódicamente examinadas. No deben ser muy rígidas, porque siempre surgen necesidades y acontecimientos imprevistos a los que hay que dar una respuesta adecuada, tanto en las situaciones de la vida cotidiana como en las crisis vitales o accidentales.

- **Creatividad**: está muy relacionada con la flexibilidad y posibilita la aparición de ideas nuevas y diferentes, como respuesta a diversas situaciones de la vida.

- **Cooperación:** los integrantes de la familia deben ayudarse mutuamente para resolver sus problemas, tanto materiales como afectivos, pues todas las personas necesitan unas de las otras para poder vivir.

- **Recreación:** es importante pasar cierto tiempo –de calidad– todos juntos en familia. Son múltiples las actividades que pueden ser compartidas: vacaciones, comidas, juegos, compras, caminatas, charlas y otras actividades que unan a la familia.

| → La interacción en la familia y el colegio debe contemplar: | |
|---|---|
| ✓ Afecto. | ✓ Respeto. |
| ✓ Confianza. | ✓ Humor. |
| ✓ Valores. | ✓ Reglas. |
| ✓ Flexibilidad. | ✓ Creatividad. |
| ✓ Cooperación. | ✓ Recreación. |

En la etapa que coincide con la escuela primaria –6 a 12 años– los niños suelen reunirse en grupos denominados *grupo de pares*, ya sea en el recreo, en el barrio o en el club, para jugar y realizar una serie de actividades propias de cada edad que los ayudarán a avanzar en el proceso de independizarse, a conocer e incorporar los puntos de vista provenientes de otros y a reafirmar su identidad sexual. Lo más frecuente en este periodo es que los varones y las mujeres formen grupos separados.

| PARA REFLEXIONAR: La interacción |
|---|
| La interacción en los primeros años de vida familiar formará las bases para el ingreso a la etapa escolar. |
| El pasaje del egocentrismo al compañerismo permitirá incorporar otros puntos de vista para poder integrarse a diversos grupos. |

# Capítulo 21

## La autoprotección

*Lo que se les dé a los niños, los niños lo darán a la sociedad.*

**Karl A. Menninger,** *psiquiatra estadounidense*

La *autoprotección infantil* puede ser definida como la capacidad desarrollada por los niños para evitar o disminuir situaciones de riesgo de abuso emocional, físico o sexual en la infancia, pasibles de producir un trauma psíquico o perturbaciones psicológicas duraderas.

Podemos clasificar los diferentes *tipos de maltrato y abuso* de la siguiente manera:

- Maltrato físico
- Abuso sexual
- Abuso emocional
- Negligencia

Es importante puntualizar que el *maltrato físico* es todo daño producido a un niño en forma no accidental –por una persona mayor, más fuerte o autoritaria– como golpes, lastimaduras, quemaduras. En el *abuso sexual* –hacer participar al niño de cualquier actividad de índole sexual, desde el tocamiento hasta la penetración– puede o no haber daño físico pero siempre hay daño emocional. El *abuso emocional* consiste básicamente en todo tipo de trato que incluya conductas que afecten la autoestima del niño, como desvalorizaciones, gritos, insultos e indiferencia.

Y por último, *negligencia* es descuidar o abandonar al niño, dañar por omisión o hacer menos de lo necesario para mantener su bienestar físico y/o emocional. Puede abarcar desde un accidente hasta la falta de provisión de lo imprescindible para satisfacer las necesidades físicas, sociales, emocionales e intelectuales, así como una falta de previsión de futuro, y puede deberse a motivos conscientes, inconscientes, ignorancia, incapacidad o pobreza. También hablamos de negligencia cuando por falta de cuidado de las personas encargadas de la atención del niño, éste queda expuesto a situaciones de abuso por parte de otros. Por otra parte, el *abandono* es el grado máximo de negligencia, especialmente en lo físico (malnutrición, falta de vacunación, falta de higiene, atraso motor por falta de estimulación, entre otras situaciones).

## 39. ¿Cómo enseñar a un niño a cuidar de sí mismo?

Hay un grupo de nociones que, de acuerdo a la edad, se deben promover en los niños/as, para ayudarlos a enfrentar situaciones de abuso, maltrato o violencia que afectarían su normal desarrollo psicológico y físico. Entre los *conceptos* más importantes podemos nombrar los siguientes:

**Autoestima y amor:** todo niño es importante, y se sentirá valioso en la medida en que sea respetado y querido con sus propios deseos, sentimientos, ideas, capacidades y características físicas, aunque sea diferente de las demás personas. El afecto de los padres hacia los hijos puede expresarse a través de palabras de cariño, como por ejemplo: *te quiero*, *qué buena que eres*, y también a través de gestos y actitudes tales como: besos, caricias, abrazos, sonrisas, compartir juegos y tareas. El amor de los padres promueve la autoestima del niño, quien al sentirse querido —y por lo tanto valioso— irá desarrollando su capacidad de protegerse a sí mismo.

**Sentimientos y deseos:** es necesario enseñar a los hijos a discriminar aquello que los hace sentir bien, mal o confundidos. Los sentimientos y deseos son muy importantes y es por eso que se debe ayudar al niño a expresarlos, aun cuando sean confusos. Los sentimientos, que surgen ante situaciones a las que uno debe enfrentarse continuamente en la vida, resultan útiles para discriminar dichas situaciones: por lo general aparece malestar o miedo frente al peligro, bienestar o agrado frente a la seguridad y confusión frente a una situación ambivalente (como suele darse en ciertos casos de abuso sexual). Los niños con baja autoestima pueden tener dificultades para reconocer y manifestar sus sentimientos y deseos. Una de las formas de comenzar a trabajar con ellos para ayudarlos a discriminar y expresar sus sentimientos y deseos consiste en preguntarles, por ejemplo, cuáles son sus actividades cotidianas favoritas (juegos, deportes, etc.), su opinión acerca de las personas que los rodean (familiares, amigos y vecinos) o sus preferencias sensoriales: vista (colores, paisajes, etc.), olfato (aromas, perfumes), oído (sonidos, canciones), gusto (comidas, sabores), tacto (vestimenta, juguetes, etc.).

**Comunicación y silencio:** es fundamental la comunicación de los sentimientos, deseos, ideas y opiniones de todos los miembros de la familia, aunque luego se discutan, analicen y se establezcan acuerdos y límites. El diálogo permanente entre padres e hijos puede ser promovido a través de preguntas que ayuden a entender aquello que los niños sienten, como por ejemplo: *te noto triste, ¿hay algo que te hace sentir mal?*. A la vez, los padres deben estar atentos y escuchar a los niños para comprender sus problemas y entender qué les está pasando. Los padres deben alentar a los niños a comunicar sus experiencias, sentimientos e ideas, para poder ayudarlos cada vez que sea necesario. Es importante tener en cuenta que los sentimientos y experiencias desagradables, *silenciados*, que no pueden ser expresados, pueden producir trastornos psicológicos.

**Caricias y contactos:** las caricias consisten en diversas maneras de tocar el cuerpo de una persona. Aunque hay distintas circunstancias en las que un niño puede ser tocado sin que esto implique nada malo —sino por el contrario, puede ser muy placentero— los padres tienen que enseñar a sus hijos que ningún niño está obligado a aceptar caricias, besos, abrazos u otro tipo de contactos físicos (cosquillas, pellizcos, palmadas, etc.) cuando no le agradan. Muchas veces el abuso sexual comienza como un juego que puede incluir caricias o cosquillas que son agradables para el niño hasta que se tornan abusivas y el niño queda confundido o no se atreve a decir *basta*. También puede tratarse de niños muy pequeños, que no comprenden la índole sexual de la situación y menos están en condiciones de defenderse.

**Partes íntimas y cuerpo:** las partes íntimas o genitales deben ser cuidadas, y no se deben exhibir ni dejar que las toquen porque son muy delicadas. Los padres deben enseñar al niño que nadie tiene derecho a tocarlo si él no quiere, en especial en sus partes íntimas, sexuales o genitales. Una manera simple de explicar a los niños pequeños cuáles son las partes íntimas —que no son para mostrar— es describirlas como *aquellas partes del cuerpo que se cubren con el traje de baño*. Se les puede decir también que estas partes íntimas o genitales cumplirán una función importante tras la adolescencia.

**Secretos y olvidos:** los secretos que provocan malestar, miedo o confusión muchas veces están relacionados a situaciones de abuso sexual. Uno de los modos de enseñarles a los niños cuándo se debe contar un secreto es estableciendo una diferencia entre buenos y malos secretos: los buenos tienen que ver con cosas lindas y divertidas, que pueden contarse sin temor después de un tiempo, mientras que los malos estarían encubriendo cosas que dan miedo y culpa. Son precisamente estos últimos los que deberían ser contados lo antes posible, porque a medida que pasa el tiempo –aun cuando puedan parecer *olvidados*– se tornan más nocivos. Es necesario ir construyendo un marco de confianza entre los padres y el hijo para que éste pueda acudir a ellos sin vergüenza en caso de necesitarlos.

**Engaños y sobornos:** el soborno es muchas veces un engaño y un niño debe saber que no tiene que aceptar dulces u otros regalos para hacer algo que siente que no está bien. Soborno es aquello que se ofrece a cambio de algo que no se debe hacer; puede ser de índole material, como un caramelo o un juguete, o inmaterial, como algún tipo de premio o favor. Los padres deben enseñar a sus hijos a no aceptar obsequios o propuestas de desconocidos, aunque parezcan placenteros; tampoco deben aceptarlos de gente conocida cuando sientan que algo no está bien o los confunde. Por ejemplo, no deben aceptar subir a un auto o irse con un desconocido que utiliza diversos argumentos, reales o no, para convencerlos, como *llegar más rápido al colegio, buscar un perrito perdido, aprender juegos nuevos, recibir caramelos, helados, dinero.*

Es importante que los niños aprendan a observar, reflexionar y opinar sobre los valores morales en la vida cotidiana. La búsqueda de la verdad y el cuestionamiento deben ser incentivados por los padres para que los hijos puedan llegar a discriminar entre la verdad y la mentira, entre la autenticidad y el engaño.

**Culpa y miedo:** la culpa nunca es del niño en caso de ser abusado o maltratado. Los padres deben enseñar a sus hijos que cuando son amenazados, física o emocionalmente, o no pueden protegerse de un peligro, nunca es culpa de los niños. Además del miedo, la culpa juega un papel importante en la posibilidad que tiene el niño de defenderse o de pedir ayuda, y también de elaborar la situación traumática en caso de haber sido agredido; si el niño se siente culpable, por ejemplo, el abuso o maltrato puede ser vivido como un castigo merecido, y por lo tanto, aceptado. Pero también puede evitar contar la situación abusiva por temor a ser reprendido.

**Derechos y deberes:** los padres deben transmitir a sus hijos que los niños tienen derecho a lograr el mejor desarrollo físico y psicológico posible; por lo tanto, los niños tienen derecho a buscar y recibir información para dichos fines y a pedir ayuda cada vez que esté amenazada su integridad física o psicológica. Es un deber de los padres enseñar a sus hijos a protegerse de cualquier persona —ya sea menor, mayor, familiar y/o desconocido— que los haga sentir mal. Todo niño tiene el derecho de protegerse a sí mismo y a no permitir que nadie le haga lo que no le gusta o lo dañe, y ante este tipo de situaciones puede —e incluso debe— mostrarse firme y enérgico.

Casi todos los países cuentan con leyes basadas en la *Convención de los Derechos del Niño*, para proteger y prevenir diferentes tipo de abuso infantil.

**Regla general y básica:** cuando se encuentran en una situación que los hace sentir mal o confundidos hay que explicarles a los niños que: deben decir NO, irse del lugar lo antes posible y contarle a alguien que los pueda ayudar. *Decir No* puede incluir levantar el volumen de la voz y gritar pidiendo *auxilio* o *ayuda*, si fuera necesario. *Irse del lugar* puede implicar resistirse físicamente y correr hacia un lugar más seguro. *Contarlo* puede requerir relatar el hecho varias veces a la misma o a distintas personas hasta ser escuchado y creído.

Esta regla para protegerse (decir NO, IRSE del lugar y CONTAR lo ocurrido), no siempre puede ser usada por los niños en forma completa. Por ejemplo: cuando el contexto tiene ciertas características que impiden poner en práctica la regla, o tornan la situación más peligrosa, tal vez puedan poner en acción alguno de sus ítem (por ejemplo, contárselo a alguien más adelante). Cuando los niños no se sienten lo suficientemente valiosos como para defenderse, es difícil que recurran a esta regla en forma total o incluso parcial.

Algunos motivos que impiden a un niño protegerse en forma adecuada en *situaciones de riesgo* pueden ser los siguientes:

* Desconocer que la situación es peligrosa por falta de información.

* Saber que la situación es peligrosa y no poder defenderse por temor, por no saber cómo, por estar en inferioridad de condiciones, por no sentirse valioso, etc.

* Dudar de que la situación sea peligrosa por dificultad para discriminar entre lo bueno y lo malo, entre lo verdadero y lo falso (confusión).

* Intuir que la situación es peligrosa pero confiar en la opinión del otro, que dice lo contrario.

En la mayoría de los casos, hay un reconocimiento instantáneo del peligro pero que se rechaza inmediatamente, por lo general, porque se subestiman los propios sentimientos y percepciones o se sobrevaloran los del otro. Esta sobrevaloración suele deberse a la creencia habitual de que el otro sabe más, *es más grande*, es más importante, o también a un intenso sentimiento de amor o de temor hacia el otro. En gran parte de estos casos el problema consiste en que el niño no se considera a sí mismo lo suficientemente valioso y capaz para confiar en la propia intuición ni fuerte como para actuar en consecuencia.

También debemos mencionar que la natural curiosidad de los niños, unida a la falta de experiencia y de supervisión adecuada, favorecen las condiciones para que se vean inmersos en situaciones de riesgo de abuso físico, sexual o emocional por parte de terceros. Mientras que por su parte, el abusador suele utilizar distintas técnicas que habitualmente incluyen: convencer astutamente mediante el engaño, provocar temor, dar lástima o hacerse el amigo.

Por último, se puede afirmar que la capacidad de autoprotección y el normal desarrollo psicológico se influyen recíprocamente.

| → Conceptos importantes para que el niño aprenda a cuidar de sí mismo: |
|---|
| ✓ Autoestima y amor. |
| ✓ Sentimientos y deseos. |
| ✓ Comunicación y silencio. |
| ✓ Caricias y contactos. |
| ✓ Partes íntimas y cuerpo. |
| ✓ Secretos y olvidos. |
| ✓ Engaños y sobornos. |
| ✓ Culpa y miedo. |
| ✓ Derechos y deberes. |
| ✓ Regla general y básica. |

La familia es el ámbito primario donde la capacidad de autoprotección se va constituyendo, pero algunas instituciones, como por ejemplo la escuela, son un espacio desde donde también se la puede promover, poniendo el énfasis en ayudar a los niños a:

- Desarrollar la autoestima.
- Evitar situaciones de riesgo.
- Promover su bienestar psicofísico.
- Desenvolverse con éxito en la vida.

| → Regla General que deben aprender los niños para protegerse: NO - IRSE - CONTARLO: |
|---|
| ✓ Decir No, cuando se sienten mal o confundidos. |
| ✓ Irse del lugar lo antes posible. |
| ✓ Contarle a alguien que los pueda ayudar. |

Para que un niño pueda protegerse, primero debe sentir y saber que es tan valioso como cualquier ser humano, sin importar su edad, sus capacidades físicas o intelectuales. Debe saber que él no merece ser maltratado por ningún motivo. Es indispensable reforzar la autoestima del niño para luego transmitir los demás conceptos de autoprotección. Cuando un niño es amado, cuidado y respetado como alguien único y diferente desde su más temprana edad, logra adquirir la capacidad de cuidarse a sí mismo.

| PARA REFLEXIONAR: La autoprotección |
|---|
| **Autoprotección es la capacidad que puede ser desarrollada por los niños para evitar o disminuir situaciones de riesgo.** |
| **La autoestima del niño es indispensable para que pueda aprender a protegerse.** |
| **La capacidad de autoprotección y el desarrollo psicológico se influyen recíprocamente.** |

# PARTE III

## Etapa Adolescente

# Capítulo 22

## La crisis de la adolescencia

*Tus hijos no son tus hijos, son hijos de la vida.*

**Khalil Gibrán, *poeta libanés***

La adolescencia es la adaptación psicológica a un hecho fisiológico que es la pubertad, la menarca (primera menstruación) en la mujer y la eyaculación o presencia de esperma en la orina en el varón. Pero también es el período de discrepancia entre la madurez sexual y el resto de las áreas como la corporal, la laboral y la social.

El pasaje exitoso por las distintas etapas de la niñez determinará en parte las características del proceso adolescente y su desenlace final. Pero también la adolescencia permite modificar de manera positiva una niñez difícil; estudios neurobiológicos y de imágenes cerebrales permiten constatar una reorganización general del cerebro, durante este período.

En los últimos años, la adolescencia se ha tornado más prolongada, en gran parte debido a factores culturales como la mayor complejidad y especificidad en la actividad laboral que requiere más años de preparación y estudio, y por lo tanto retrasa la asunción de los roles adultos.

La adolescencia comienza con el despertar de la sexualidad genital y del interés en el sexo opuesto, o en algunos casos del mismo sexo. Comprende un periodo aproximado que va desde los 13 a los 25 años según las diversas culturas, subculturas y las características de cada niño y familia.

Al comenzar la adolescencia el foco está puesto en la búsqueda de una identidad, mientras que al final de la misma la ubicación en el mundo adulto, el matrimonio, el empleo, la paternidad y la política son los aspectos de mayor preocupación.

## 40. ¿En qué consiste la crisis de la adolescencia?

Quizás se pueda decir que en la actualidad la adolescencia muestra dos caras. Por un lado es ensalzada y admirada, tanto por los niños que quieren llegar pronto a ella como por los adultos que no quieren abandonarla, como un tiempo esencialmente lleno de libertad y de poca responsabilidad. Por el otro, la adolescencia es siempre un período crítico, ya que el niño deberá enfrentar importantes y continuos cambios que irán definiendo su identidad adulta.

Esto hace de la adolescencia una etapa donde reinan el conflicto y la ambivalencia. Esta última también es consecuencia de que en la búsqueda de su propia identidad, el adolescente deberá tomar decisiones y hacer elecciones entre múltiples posibilidades que implican ciertas renuncias, afrontar pérdidas, dejar afectos y objetos valorizados. En última instancia es un *salto al vacío* donde siempre existe el riesgo y el temor al fracaso.

Desde el punto de vista fisiológico, la maduración sexual produce cambios físicos y emocionales. El crecimiento físico y la aparición de los caracteres sexuales secundarios como el vello y el busto —que comienzan en la preadolescencia— son las características más visibles. Además, el niño se ve invadido por una agitación emocional que le provoca una fluctuación en su estado de ánimo; experimenta cambios de humor que lo pueden transportar del miedo y la angustia hasta el entusiasmo o el éxtasis.

Los cambios físicos súbitos y asimétricos y a la vez diferentes a los de los compañeros/as, provocan en el adolescente la permanente preocupación por su cuerpo y la necesidad de compararse físicamente con otros para así comprobar su normalidad. Está muy preocupado por su imagen corporal y por cómo lo verán los demás ya que el cuerpo es en esta etapa el principal soporte de su aún no consolidada identidad.

Esta nueva identidad se basará en la asunción estable de un cuerpo adulto, un rol sexual, laboral y social y la independencia y desidealización de los padres *omnipotentes* de la infancia. Esto significa que los padres de la niñez, que hasta ahora eran considerados como las personas más importantes (con justa razón, ya que la indefensión y dependencia de los niños pequeños hace que, por comparación, sobrevaloren a sus padres) comiencen a ser vistos por sus hijos, cada vez más, en su real dimensión humana. Es que uno de los cambios más importantes que deberá afrontar el adolescente para transformarse en un adulto es desligarse de la autoridad de los padres. Con este paso completará su proceso de discriminación e individuación de la red familiar, lo que le permitirá proyectarse al futuro asumiendo su propio deseo con esperanza, libertad, autenticidad y creatividad.

Para encontrar su identidad, el adolescente intenta, aun con sentimientos de culpa, alejarse de la familia, dejando atrás la niñez de dependencia con los padres y desligando los vínculos familiares creados por el afecto, el trato íntimo, la autoridad y el dinero. Sin embargo, este corte no implica que no continúen vinculados a sus padres para discutir proyectos, problemas, y también compartir entretenimientos y diversiones.

En esta búsqueda de *qué quiere ser y hacer en la vida* el adolescente se rebela contra todo: padres y mundo en general, buscando valores y normas propias, diferentes a las aceptadas hasta ahora. Todas las pautas familiares y sociales que habitualmente se compartían y permitían una convivencia relativamente armoniosa dejan de ser aceptadas y esto puede notarse en la falta de horarios a la hora de comer y dormir, la forma de vestir, los tatuajes,

el piercing y cualquier otra actitud que exprese su necesidad de diferenciarse del grupo familiar.

En este período crítico de la vida los padres deben entender qué le está ocurriendo a su hijo para encontrar el mejor modo de ayudarlo y relacionarse con él. El adolescente ya no es un niño, exige un trato diferente, y hay que ayudarlo a completar este proceso que lo va a definir como un ser adulto.

Es una etapa de experimentación, extravagancia, de ensayo y error y de excesos en la búsqueda de la identidad, tratando de encontrar la respuesta a la pregunta *¿quién soy yo?* acompañado de sentimientos de energía, osadía, idealismo, proyectos, soñar despierto. Pero la búsqueda de independencia y autonomía también implica la autoconciencia y el aislamiento, que se entraman con intensos sentimientos de soledad, de incertidumbre y desesperanza, y que hacen a veces del adolescente un sujeto inabordable. Pero no siempre la adolescencia debe ser un período tan *ruidoso*, y en muchos casos la crisis no es tan notable ni dramática y se la atraviesa con relativa tranquilidad.

La cultura adolescente también le ofrece un refugio a esta *experimentación*: las barras, el grupo de pares, la pandilla, el compartir la moda en el vestir, peinados, adornos, entretenimientos, música, bailes, deportes, autos y motos, los ídolos, modelos, etcétera, le permiten al adolescente asumir identidades provisorias, a menudo basadas en los estereotipos y la uniformidad, en este tránsito hacia la individualidad. A su vez, la relación con sus pares le va a permitir asumir diferentes roles. El riesgo que puede correr el adolescente es el de conformar su personalidad identificándose con aspectos mayoritariamente negativos y poner así en riesgo su armónico desarrollo y su integración a la sociedad.

Hay sociedades que ofrecen a los adolescentes roles sociales provisorios que los preparan para el trabajo adulto y les dan un sentido de pertenencia a la comunidad: asistir en hospitales, en centros recreativos, cuidar enfermos o inválidos, mejorar escuelas, cuidar parques, etcétera.

Pero el adolescente también busca prestigio y autoestima dentro de su entorno social: destacarse jugando bien un deporte o tocando un instrumento musical, ser un líder en alguna actividad comunitaria, saber contar chistes, resaltar los rasgos masculinos en los varones y femeninos en las mujeres.

La vida transcurre entre el estudio y el lugar de reunión, entre bromas, comentarios, música, deportes, sexo, pero también entre ideales y valores. Las relaciones abarcan el amigo íntimo, amigos y conocidos y la cita amorosa. La casa pasa a ser un hotel para comer, dormir, cambiarse y hablar por teléfono, y el baño en especial se convierte en un lugar preferido por la intimidad que confiere.

→ **La crisis de la adolescencia comienza en la pubertad con:**

✓ *La preocupación por los cambios físicos.*

✓ *El intento de hallar nuevos valores que ayuden a definir la identidad adulta.*

✓ *La búsqueda de una identidad y de un lugar en el mundo laboral y social.*

En este período de transición donde el adolescente no es ni niño ni adulto, es frecuente la confusión, inestabilidad, inseguridad entre lo que se puede o no se puede hacer, entre lo que está o no permitido, no sólo dentro del ámbito familiar sino también por la falta de pautas precisas de la sociedad actual y cambiante. En las sociedades primitivas, la llegada a la pubertad implicaba la posibilidad inmediata de formar pareja y tener hijos; era lo biológica y culturalmente esperable. En las sociedades modernas, en cambio, la llegada a la pubertad y la posibilidad real de formar pareja y tener hijos, como también de trabajar, en la mayoría de las culturas debe posponerse por factores familiares, sociales o económicos.

Por un lado los jóvenes están biológicamente dotados para enamorarse y tener hijos, por otro lado, no poseen los medios económicos necesarios para armar una familia. Además, la familia puede oponerse presionando al adolescente afectiva o económicamente, porque considera que el hijo o hija no está maduro, que debe terminar los estudios, conseguir trabajo, etcétera.

Por lo tanto hay un período que va desde la adolescencia hasta la adultez (más allá de lo que establece cada sociedad para la mayoría de edad) en el cual en algunas familias puede estar más valorado que el hijo estudie o tenga una vida social intensa antes de conseguir trabajo o formar pareja, mientras que en otros casos, se espera que se case y tenga hijos al tiempo que la familia lo ayuda hasta que consiga valerse por sus propios medios. También hay padres que esperan que sus hijos comiencen a trabajar apenas terminan los estudios secundarios. En definitiva, no hay un modelo a seguir para todos los adolescentes. Y no todas las familias son iguales ni tampoco lo son los adolescentes.

## 41. ¿Cómo pueden los padres ayudar a su hijo adolescente?

Los padres deberán ser muy cuidadosos en este período y tratar de ejercer sus funciones parentales de un modo muy sutil, flexible y creativo para no ser rechazados y poder así ayudar a sus hijos en la última etapa del crecimiento. Los padres deben seguir orientando, poniendo ciertos límites pero teniendo en cuenta que el cambiante mundo en que vivimos hace que el adolescente se enfrente a una realidad y un futuro distintos y en cierto modo desconocido para los propios padres.

Una de las consecuencias del trabajo de desidealización propio de este período es que los padres se pueden sentir cuestionados en sus actitudes y creencias. A veces los adolescentes utilizan expresiones de desprecio hacia sus progenitores, como *te odio* u otras similares; en realidad, sólo intentan hacerlos sentir mal para poder separarse de ellos, sin que estas palabras signifiquen lo que realmente parecen.

Es conveniente que los padres traten al adolescente más como a un adulto que como a un niño, especialmente en público, y eviten frases contradictorias como: *todavía eres un niño* y al rato *ya eres un adulto* o –tras una experiencia con resultados negativos– el famoso *yo te lo advertí y no me hiciste caso* o *me extraña mucho de ti, te creí más responsable*. Tampoco conviene que lo critiquen por tener muchos o pocos amigos, por los cambios de humor, por la vestimenta y, en fin, por todo lo que hace a la búsqueda de su identidad.

Otro tema de preocupación de los padres son las relaciones amorosas. Les inquieta tanto que tarden en conseguir una pareja, que tengan sólo una a la cual consideren única y eterna, como también que tengan constantes cambios de parejas. Sin embargo, para el adolescente son necesarios los ensayos hasta lograr un amor lo bastante maduro que permita la convivencia y un proyecto de vida en común. Pero en los casos en que la pareja desea firmemente casarse muy joven, aunque sean inexpertos, es poco lo que los padres pueden hacer para evitarlo.

Aquellos adolescentes, especialmente mujeres, que se casan muy jóvenes, pueden hacerlo por varios motivos: por amor o simplemente para reproducir rápidamente el modelo familiar en el cual vivían, ya que se identifican con sus valores y creencias. Pero aquellas parejas que se casan para separarse cuanto antes de la familia, porque la convivencia les resulta insostenible, suelen ser las que se divorcian más rápido.

Los padres tienen el temor a la independencia del hijo, en parte por miedo a que él no sea suficientemente fuerte para enfrentar solo el mundo, pero lamentablemente es muy difícil transmitir la experiencia y estar preparado de antemano. Sólo se puede entrar en el mundo adulto viviendo en él, pues como dijo el poeta: *Caminante no hay camino, se hace camino al andar.*

Muchas veces, los padres creen que éste es el momento de enseñarles a sus hijos los hechos del mundo y de la vida, pero en esta etapa es común que los adolescentes prefieran aprender de los profesores, los libros, los amigos y de la propia experiencia. A pesar de estas preferencias adolescentes, los padres deben oponerse a las conductas en las que prevén un mal final. Claro que a veces esto es imposible y deben estar preparados para ayudar a sus hijos ante cualquier circunstancia.

A los padres les suele resultar incómoda la relación con este hijo que ahora busca su independencia y su libertad a toda costa e intentan por todos los medios retenerlo con el amor, el dinero, la autoridad, entre otras cosas.

Si hasta ahora los padres creían conocer muy bien a su hijo como para poder adelantarse a sus pensamientos y deseos, o si acostumbraban a manejarlos ya sea por el afecto, por el respeto o por atribuirse mayor experiencia, de aquí en más tendrán que limitar este aspecto omnipotente de la relación y aceptar que los sentimientos y actitudes del hijo no siempre coinciden con las interpretaciones de los padres. En cambio deberán poner el énfasis en la comunicación, el diálogo y la pregunta para poder conocer las necesidades genuinas del hijo adolescente.

La tarea más difícil de los padres del adolescente es renunciar al hijo de la niñez, ese hijo que ha sido considerado como parte de ellos, que ha sido deseado y que satisfizo el deseo de completud e inmortalidad propia de los seres humanos.

Como dijimos al comienzo, un hijo puede tener diferentes significados, como por ejemplo: realizar las metas que los padres no lograron, ser la propia imagen de los padres, sustituir a un ser querido, enriquecer el vínculo de la pareja, reparar una relación de pareja deteriorada. Hacer este *duelo* permitirá a los padres poder relacionarse nuevamente con el hijo adulto, independiente, con sus propios deseos, valores y creencias.

> → **Los padres deberán ser muy cuidadosos y en este período tendrán que:**
>
> ✓ *Orientar, ayudar y poner ciertos límites.*
>
> ✓ *Oponerse a conductas en las que prevén un mal final.*
>
> ✓ *Limitar la relación de omnipotencia con los hijos.*
>
> ✓ *Renunciar al hijo/a de la niñez para relacionarse nuevamente con el hijo/a adulto.*

A su vez, en su búsqueda de independencia, los hijos deben hacer el duelo por dejar la niñez y perder a los padres idealizados de la infancia. Deben dejar en parte la red familiar para insertarse en una red social más amplia.

Tras un período de tanta incertidumbre, la elección de un rol laboral, la unión en pareja y la integración social ayudan a estabilizar la autoestima, los sentimientos y el entusiasmo por vivir. Hay una nueva mirada hacia la familia y el pasado; el presente surge como una nueva capacidad de autorrealización y el futuro ahora es concebido integralmente, sumándole los límites que imponen la vejez y la muerte.

La concepción de la vida como una existencia que implica responsabilidades, con un tiempo limitado y concreto suele llevar a desarrollar una vida adulta plena en la cual el trabajo, la pareja y los hijos son generalmente la meta primordial. Pero también puede ocurrir lo contrario, que el miedo a las responsabilidades o la creencia en un tiempo infinito de vida den lugar a una adolescencia prolongada en la cual no se concrete ninguno de los fines arriba mencionados.

Debido a los continuos e importantes cambios que transcurren en la vida del adolescente es posible que los padres no puedan diferenciar qué es normal y qué no lo es, pero cuando alguna conducta de los hijos les provoque cierta incertidumbre deben hablar con ellos para ver qué les está pasando, y si fuera necesario buscar ayuda profesional. Es preferible preocuparse por algo, aunque luego se constate que no es nada serio, que dejar pasar una situación de gravedad que derive en algunos de los trastornos que pueden surgir en este período, como adicciones, vandalismo, fugas, depresión (el aburrimiento pertinaz puede ser un buen indicador de ella), trastornos psicosomáticos y episodios aparentemente psicóticos.

| PARA REFLEXIONAR: La crisis de la adolescencia |
|---|
| La adolescencia es el período que comienza en la pubertad y en el cual se va definiendo la identidad en base a la asunción del cuerpo adulto, del rol sexual, laboral y social. |
| Es un período de confusión e inestabilidad, de inseguridad, ambivalencia, de temor al fracaso, sentimientos que acompañan a la toma de decisiones. |
| En su búsqueda de independencia, los hijos deben hacer el duelo por dejar la niñez y perder a los padres idealizados de la infancia. |
| Asimismo, los padres tienen que hacer el duelo por el hijo de la niñez. |

# PARTE IV

## Sistema Familiar

# Capítulo 23

## La estructura de la familia

*El problema con la familia es que los hijos abandonan un día la infancia, pero los padres nunca dejan la paternidad.*

**Osho,** *filósofo hindú*

La familia es el espacio donde el ser humano crece y se desarrolla como individuo. Si bien está influida por las normas culturales, la familia tiene sus propias reglas de funcionamiento. La familia, a través de su estructura, funciones e interacción, debe permitir que el niño logre su más pleno crecimiento como individuo.

### 42. ¿Qué es una familia?

Para poder explicar qué es una familia hay que comprenderla principalmente como un sistema o totalidad con las siguientes *características*:

**A.** La familia es un sistema formado por elementos interdependientes –madre, padre, hijos, abuelos, etc.– que se influyen recíprocamente. Por lo tanto la modificación de uno de los miembros de la familia provocará la modificación de los demás miembros.

**B.** Se considera al grupo familiar como un sistema de relaciones entre la familia de origen o consanguínea y la familia conyugal. Por medio de la alianza matrimonial, el grupo familiar queda formado por ambas familias, dando lugar así a una nueva estructura más compleja que funciona como una totalidad que los determina sin que los integrantes, por lo general, sean conscientes de ello.

**C.** En toda familia existen dos niveles de relaciones, la *primaria* y más observable, conformada por los padres y los hijos, y otro nivel, menos observable, que abarca a los abuelos, a los tíos, etcétera, y que a pesar de no ser tan evidente muchas veces adquiere un peso decisivo en el funcionamiento familiar.

**D.** La estructura de parentesco (es decir, los vínculos entre la familia conyugal y familia consanguínea) abarca tres generaciones: abuelos, padres e hijos; y cuatro *relaciones diferentes*:

- Relación marido-mujer, o de alianza.

- Relación padres-hijos, o de filiación.

- Relación entre hermanos, o de consanguinidad.

- Relación entre el hijo y un representante de la familia materna o paterna, que puede ser un tío, tía, abuelo, abuela, y que generalmente juega un rol preponderante aunque a veces no se note.

**E.** La familia humana, tal como la conocemos hoy, surge cuando se instaura la prohibición o el tabú del incesto, que impide al individuo formar pareja con alguien perteneciente a su propia familia. La ley universal de la prohibición del incesto obliga entonces a la exogamia, es decir, a formar pareja con alguien perteneciente a otra familia. Pero los vínculos con la familia de origen suelen ser siempre tan fuertes, que en sentido inverso impulsan simultáneamente a la endogamia (del griego *endo*: hacia dentro y *gamos*: matrimonio), es decir, a volver a la familia de origen.

| → La familia es una estructura formada por elementos interdependientes: |
|---|
| ✓ *Madre, padre, hijos, abuelos, tíos.* |
| ✓ *Se influyen unos a otros.* |

## 43. ¿Cuándo una estructura familiar es disfuncional?

Se considera que una familia es *disfuncional* cuando los padres, por sus características, no pueden llevar a cabo sus funciones materna y paterna en forma adecuada para lograr que el niño –que nace en un estado de completa inmadurez e indefensión– adquiera durante el proceso de desarrollo las habilidades necesarias para que al llegar a la etapa adulta sea una persona independiente y saludable en las diversas áreas de la vida.

| → Una familia es disfuncional: |
|---|
| ✓ *Cuando los padres no realizan sus funciones adecuadamente.* |
| ✓ *Cuando el desarrollo del niño es patológico.* |
| ✓ *Cuando el hijo no logra conformarse como un sujeto autónomo.* |

Consideramos que el niño es sano no sólo cuando no está enfermo físicamente, sino fundamentalmente cuando disfruta de un estado de bienestar físico y psíquico, cuya libertad y creatividad le permite desplegar sus mejores posibilidades en la vida a nivel individual, familiar y social.

## 44. ¿Qué es una familia endogámica?

Comprender qué es la endogamia permitirá entender uno de los principales motivos que determinan que una familia sea disfuncional, ya que las familias endogámicas son más habituales de lo que se supone y muchas de las perturbaciones de los niños (y tras los adultos) tienen su origen en ellas.

Podemos definir a la endogamia como aquellos vínculos que se establecen entre los miembros de la familia de origen o consanguínea, que buscan un estado ilusorio de seguridad absoluta, de completud y de inmortalidad, y en las que no se reconoce la ley de la cultura y la sociedad en general, sino sólo de esa familia en particular.

En estas estructuras familiares endogámicas, uno de los cónyuges permanece unido a su familia de origen –que es la que establece y transmite las normas, valores e ideales– sin dar lugar para que el otro cónyuge pueda intervenir y así formar una nueva estructura conyugal.

Por lo tanto, en una familia *endogámica* los nuevos cónyuges no terminan de formar realmente una nueva pareja (porque siguen funcionando más como hijos) y no quedan claros los límites entre la familia consanguínea y la pareja conyugal. Esta falta de claridad o *indiscriminación* de los vínculos entre la familia actual y la de origen es lo que provoca la *indiscriminación de los vínculos generacionales* entre padres e hijos, ya que uno o ambos padres suelen funcionar más como hermanos que como padres de sus hijos, aunque en otros casos pueden ser muy autoritarios. Todo esto trae como consecuencia que la línea entre tiempo pasado y presente sea difusa, dado que se vive de acuerdo a normas extemporáneas (la de los abuelos, por ejemplo, con dos generaciones de diferencia), que no suelen ser las más adecuadas a la realidad actual ni a la que vive el niño, y esto puede afectarlo en su desarrollo. Además, en estos casos, la *función paterna* que debe permitir al niño realizar el pasaje desde la dependencia familiar hacia la independencia, generalmente no se cumple. Y es común que el integrante de la pareja más ligado a la familia de origen pueda ilusionarse creyendo que el hijo es de él/ella excluyendo al cónyuge. Desde ya que con todas estas características y también debido a ellas, la comunicación entre padres e hijos es muy escasa o existe, pero en forma distorsionada.

Aunque, como dijimos anteriormente, las leyes culturales obligan a casarse con alguien de afuera de la propia familia, los vínculos con la familia de origen pueden ser tan fuertes que impulsan, aun no conscientemente, a volver a ella. Ahora bien, el grado de endogamia puede variar desde muy intenso y pernicioso para el hijo, hasta un nivel aceptablemente *normal* que no impida su desarrollo.

1)  Existen familias donde la primacía de la familia de origen sobre la conyugal es total; uno de los integrantes de la pareja conyugal permanece fuertemente unido a su familia de origen y la palabra del otro es descalificada y no tenida en cuenta. El niño funciona más como hijo de los abuelos que de los padres y, esta situación puede provocar trastornos importantes en el desarrollo del hijo.

2)  Otras familias dan lugar al secreto y a la mentira. Son aquellas en las cuales el vínculo con la familia de origen

es aún fuerte pero algo menor que el anterior y donde imperan a la vez dos normas contradictorias –por ejemplo, la establecida por el padre y la establecida por la madre o su familia de origen–. Un caso simple es cuando el padre da permiso a su hijo para ir de paseo con unos amigos pero la madre, influenciada por su propia familia, que no está de acuerdo con esas amistades, le prohíbe salir. Ante la imposibilidad de cumplir con ambas normas a la vez, al hijo se le presenta una situación conflictiva, que puede intentar *resolver* actuando de distintas maneras. Una de las opciones es salir a escondidas de la madre y luego, por consiguiente, verse obligado a mentirle. Otra posibilidad es que cumpla los deseos maternos y se quede en casa, pero triste o enojado. De cualquier manera, estas normas opuestas entre sí, cuando son muy frecuentes en la cotidianidad del niño pueden encaminarlo a una vida ligada al ocultamiento de la verdad, o paralizada por las contradicciones familiares.

> → **Una familia endogámica busca un estado ilusorio de seguridad, completud e inmortalidad:**
>
> ✓ *No hay clara definición entre familia actual y de origen.*
>
> ✓ *Uno de los integrantes de la pareja está fuertemente unido a sus padres.*
>
> ✓ *El otro cónyuge es permanentemente descalificado.*

3) Pero hay otras estructuras, más sanas, en las cuales el vínculo con la familia de origen no impide a los padres establecer sus propias normas, basadas en la libertad y la creatividad para funcionar según su propio estilo. Las relaciones de parentesco entre abuelos, padres e hijos están claras, como así también los límites entre ellos. Por lo tanto, la familia puede tomar decisiones adecuadas a la realidad que le toca vivir y sus miembros pueden comunicarse más fluidamente entre ellos. Al poder darse una interrelación favorable de la función materna y paterna, se propicia un adecuado desarrollo emocional e intelectual del hijo. Una familia sana debe

poder aceptar las diferencias individuales, tolerar los errores y ofrecer un espacio seguro donde desarrollarse y crecer.

4) No queremos dejar de mencionar aquellas familias en las cuales –de manera opuesta a la endogamia y por motivos diversos– los vínculos entre sus integrantes son tan débiles que pueden llevar a la desintegración del sistema familiar, ocasionando consecuencias infortunadas en los hijos.

Por último, se debe aclarar que hay estructuras familiares donde –al margen de la existencia o no de vínculos endogámicos enfermos– existen características individuales de los padres (historia de abuso intergeneracional, problemas de estrés por motivos económicos o afectivos, personalidad psicótica o perversa, etcétera) que pueden conducir a situaciones de maltrato (emocional y/o físico), abuso (sexual) o negligencia hacia los niños. Situaciones que, a su vez, determinan perturbaciones en el desarrollo infantil.

Aunque una aproximación teórica general siempre es posible, los conflictos y vivencias que surgen dentro de cada familia son únicos e irrepetibles.

## 45. ¿Todas las parejas pasan de la familia de origen a la familia conyugal?

Depende. Toda nueva pareja deberá superar la oposición entre familia consanguínea y conyugal: tendrá que abandonar la ilusión de completud que pueda brindar la estructura de origen, y aceptar ciertas carencias y diferencias de la nueva relación conyugal pero que a la vez permiten el cambio y el crecimiento, en lugar de la repetición y el estancamiento.

Para lograr su normal desarrollo, los integrantes de la pareja conyugal deberán ir diferenciándose de sus respectivas familias de origen, renunciando en parte a metas y normas que cada uno trae al matrimonio para ir creando un conjunto de pautas y reglas compartidas que hagan posible la vida en común. Los cónyuges deben ayudarse mutuamente a independizarse de sus familias de origen y pasar así de ser sólo hijos a constituir una pareja, para ser luego padres de una nueva familia. A pesar de ello es muy importante que cada cónyuge deje un espacio para el vínculo afectivo que su pareja tiene con sus propios padres y hermanos.

Cuando la pareja ha podido efectuar una separación adecuada de sus respectivas familias de origen, puede ejercer de un modo más apropiado las funciones parentales y permitir un mejor desarrollo emocional e intelectual del niño.

> **→ Para pasar de la familia de origen a la conyugal, la pareja deberá:**
>
> ✓ *Renunciar a ciertas normas que cada uno trae al matrimonio.*
>
> ✓ *Crear reglas compartidas que hagan posible la vida en común.*

Si esto no se logra suele manifestarse, en mayor o menor grado, una serie de conductas características: desacuerdo entre los cónyuges, reglas y valores no compartidos, repetición de pautas provenientes de las respectivas familias de origen (que a menudo son inadecuadas en la situación actual), falta de confianza y respeto, poca flexibilidad y creatividad, entre otras.

Respecto a los hijos, suele haber poco espacio para que puedan discriminarse como individuos independientes, ya que sus padres no lo son. Serán, de esta manera, niños que manifestarán perturbaciones, de menor o mayor gravedad, en distintas áreas del desarrollo, que pueden ir desde la neurosis y los trastornos psicosomáticos hasta la perversión o la psicosis.

| **PARA REFLEXIONAR: La estructura de la familia** |
|---|
| La familia, a través de su estructura, funciones e interacción, debe permitir que el niño logre su más pleno crecimiento como individuo. |
| Una familia sana debe poder aceptar las diferencias individuales, tolerar los errores y ofrecer un espacio seguro donde desarrollarse y crecer. |

# PARTE V

## Trastornos Evolutivos

# Capítulo 24

## Las perturbaciones del desarrollo

*Hay enfermedades del alma más perniciosas que las del cuerpo.*

**Marco Tulio Cicerón,** *político y filósofo latino*

Muchas de las perturbaciones que padecen los niños y adolescentes pueden estar determinadas por factores de índole emocional. Las mismas pueden tener su origen tanto en un acontecimiento traumático, en una situación de crisis, como también en el núcleo de una estructura familiar disfuncional. Incluiremos también, dentro de las perturbaciones del desarrollo, a las consecuencias físicas del abuso, maltrato o negligencia, en especial, porque estas lesiones corporales van siempre unidas a los trastornos emocionales importantes que se producen invariablemente en todas estas situaciones traumáticas.

## 46. ¿Qué es un trauma psíquico?

Se considera *trauma psíquico* a todo acontecimiento en el cual una persona está expuesta a estímulos físicos y psíquicos que resultan excesivos para su tolerancia, y a los cuales no puede responder adecuadamente mediante una acción concreta como huir, defenderse o contarlo y a veces ni siquiera admite el suceso en su pensamiento, ya que no puede recordarlo.

Mientras que algunos sucesos traumáticos son hechos únicos, irrepetibles e impredecibles, como un accidente, un terremoto, una violación, un secuestro, un robo, otras veces el trauma es la consecuencia de situaciones repetidas en el tiempo, como ocurre en los casos de maltrato físico, abuso sexual y/o emocional. Pero también las situaciones por falta de estimulación, como la negligencia o el abandono, pueden causar trastornos en el desarrollo que van de leves a graves.

| → Trauma psíquico es todo acontecimiento en el cual: |
|---|
| ✓ Se está expuesto a estímulos físicos o psíquicos que resultan excesivos. |
| ✓ No se logra responder adecuadamente huyendo, defendiéndose o contándolo. |
| ✓ Pueden originarse perturbaciones psicológicas de mayor o menor gravedad. |

El trauma puede acarrear consecuencias patológicas de distinta intensidad y duración en la organización psíquica del niño. Los efectos del trauma pueden aparecer en forma inmediata o después de algún tiempo. Si el trauma es causado por una persona -a diferencia de las catástrofes naturales, por ejemplo- psicológicamente hablando los efectos suelen ser más devastadores. Entre las manifestaciones que se pueden observar como consecuencia de haber sufrido un acontecimiento traumático están las incluidas en el *trastorno de estrés postraumático* y pueden expresarse como:

- **Sentimientos de malestar:** temor, desesperanza, angustia, horrores intensos, desestructuración, agitación.

- **Reexperimentación del hecho traumático:** en forma de recuerdos dolorosos durante el día, o pesadillas de noche.

- **Disminución del interés general:** anestesia emocional, evitación de actividades que evoquen el recuerdo del acontecimiento traumático. Puede producirse un estado de regresión y deseos pasivos de ser cuidado y protegido. También suelen aparecer alteración del sueño, de la memoria y/o trastornos de concentración.

- **Accesos de emoción incontrolable:** ansiedad, inquietud, irritabilidad, tendencia a llorar y gritar, trastornos vegetativos como sudoración o taquicardia. El niño puede estar en un estado de hiperalerta y/o en estado de alarma exagerada, y por consiguiente ante cualquier hecho que su psiquis asocie con el trauma sufrido puede entrar en pánico.

La incapacidad puede ser leve o afectar todos los aspectos de la vida familiar, escolar y social. Y es probable que aparezcan asociados los siguientes trastornos: fobias, obsesivo-compulsivo, depresión y somatizaciones.

# 47. ¿Cuáles son las crisis vitales y cuáles las accidentales?

Podemos definir como *crisis* a aquellos períodos decisivos de la vida que producen tensión, confusión, ansiedad, angustia y que pueden ocasionar cambios en la salud mental del individuo.

Las crisis vitales se refieren a acontecimientos esperables en la vida de una persona como la paternidad, la pubertad, la vejez. Pero cualquier etapa de la vida del niño donde se produzcan cambios importantes como el destete, dentición, deambulación, control de esfínteres, nacimiento de un hermano, entrada al jardín, entre otras, también puede transformarse en una situación crítica.

En cambio, en las crisis accidentales se trata de sucesos inesperados de la vida como la muerte prematura de un familiar muy cercano, la enfermedad grave o crónica, una intervención quirúrgica, el divorcio, mudanza, migración, desempleo, quebranto económico o la prisión.

Las crisis vitales o accidentales forman parte de la vida de todos los seres humanos y ocasionan transformaciones en la vida psíquica de los individuos. En muchos casos están ligadas a situaciones de duelos ya que pueden implicar rupturas y pérdidas que demandan un tiempo de elaboración que permita ir desligándose afectivamente de hábitos o vínculos del pasado. Las crisis pueden ser favorables o no, según cómo haya sido la evolución, la duración, la intensidad y la resolución en cada caso en particular. Estos sucesos cruciales, si se resuelven adecuadamente, permiten el surgimiento de nuevos paradigmas en la vida y la personalidad de los individuos, quienes pueden tener la oportunidad de romper con situaciones pasadas que ya no sólo no son útiles sino que, incluso, obstaculizan su desarrollo.

> → **Crisis vitales y crisis accidentales:**
>
> ✓ *Crisis vitales: son acontecimientos esperables: pubertad, paternidad, vejez, cualquier etapa de la vida donde se produzcan cambios importantes.*
>
> ✓ *Crisis accidentales: son sucesos inesperados: muerte prematura de un familiar, enfermedad grave, operación, divorcio, migración, quebranto económico, prisión.*

Así como sería insoportable para cualquier ser humano vivir en un estado de crisis permanente, también es cierto que la ausencia absoluta de situaciones de crisis (imaginando que esto fuera posible) impediría concretar cualquier tipo de cambio en la vida de un individuo. Dado que es imposible pretender que una situación negativa se modifique por sí sola sin modificar nosotros la forma de abordarla, entonces la crisis –aun con su carga de angustia, confusión y dolor– puede convertirse en la mejor aliada para producir los cambios que una persona desea y necesita, ya que el sentimiento de angustia que acarrea la crisis obliga a encontrar salidas antes impensadas. En la crisis también nace la inventiva y el dolor busca mitigarse con estrategias nuevas y más eficaces.

## 48. ¿Qué perturbaciones se originan en un trauma, en una crisis o en una familia disfuncional?

Las podemos denominar genéricamente *perturbaciones del desarrollo infantil* y pueden clasificarse en los siguientes *grupos*:

- ◆ **Trastornos profundos del desarrollo:** trastornos reactivos de la vinculación, como ausencia de contacto visual, sonrisa o vocalización.

- **Alteraciones del desarrollo evolutivo:** como detención, atraso, retroceso, precocidad o intensidad inusual de las conductas esperables según la edad.

- **Trastornos psicosomáticos:** en los cuales la función o estructura de algún órgano del cuerpo se encuentra alterada y en cuyo origen interviene algún factor de índole emocional.

- **Lesiones corporales:** incluyen aquellas lesiones físicas causadas por actos de abuso, maltrato o negligencia hacia el niño o *accidentes* provocados por el niño mismo debido a problemas emocionales.

Para saber cuándo se está en presencia de un trastorno del desarrollo, existen los llamados *indicadores*. Los más frecuentes pueden agruparse de la siguiente manera:

- **Conducta:** aquí podemos hablar de balanceo del cuerpo, llanto continuo, inexpresividad emocional, golpeteo de cabeza, tics, rascado compulsivo, arrancarse el pelo, comerse las uñas, autoagresividad, hipomanía, hiperactividad, alucinaciones, delirios, agresividad, fuga, crueldad con los animales, piromanía, vandalismo, robo, mentira, conductas de manipulación, demandas excesivas, adicciones, promiscuidad, dificultad de adaptación, comportamientos obsesivo-compulsivos, fobias, búsqueda de afecto indiscriminada, conductas infantiles, depresión, intento de suicidio o de mutilación, inhibición en el juego, rechazo al contacto físico, retraimiento, adaptación extrema, fatiga permanente, desvalorización, timidez excesiva.

- **Sexualidad:** en esta área encontramos extrema inhibición, erotización prematura, chupeteo compulsivo, masturbación compulsiva, voyerismo, exhibicionismo.

- **Aprendizaje:** las dificultades más frecuentes son déficit de atención, de comprensión o de memoria, la falta de interés, el bajo rendimiento, fracaso escolar.

- **Sueño:** aquí se incluye al insomnio, al desvelo, hipersomnia, somnolencia, alteración ritmo sueño-vigilia, pesadillas, rechinamiento de dientes, sonambulismo, hablar dormido.

- **Respiración:** algunos niños sufren disnea y otras dificultades respiratorias.

- **Alimentación:** podemos hablar de inapetencia, bulimia, anorexia, voracidad, náuseas, vómitos, cólicos, diarrea, constipación.

- **Lenguaje:** en esta área encontramos mutismo, tartamudez, rotacismo, seseo, dificultades en la lecto-escritura.

- **Retraso:** en adquirir capacidades madurativas (marcha, lenguaje, control de esfínter, etc.).

- **Afecciones diversas:** las alteraciones también pueden manifestarse en diversas molestias corporales, cefaleas, mareos, enuresis, eccema.

- **Lesiones corporales:** golpes, lastimaduras, quemaduras, marcas, fracturas, dislocación, lesiones debidas a situaciones de maltratos y/o abusos, pero también a accidentes o intoxicaciones producto de la negligencia o falta de prevención.

| → Áreas en las que se manifiestan las perturbaciones: | |
|---|---|
| ✓ Conducta. | ✓ Sexualidad. |
| ✓ Aprendizaje. | ✓ Sueño. |
| ✓ Respiración. | ✓ Alimentación. |
| ✓ Lenguaje. | ✓ Corporal. |

Los *trastornos* dependerán en parte de la edad de los niños:

- **Etapa preescolar:** trastornos en las funciones y las conductas sexualizadas.

- **Etapa escolar:** dificultades de aprendizaje y trastornos de conducta.

- **Etapa adolescente:** depresión, adicciones, promiscuidad, enfermedades psicosomáticas.

Si bien muchas de estas perturbaciones tienen un origen de orden psicológico otras veces pueden responder a causas específicamente orgánicas, por lo cual se hace necesario el diagnóstico diferencial llevado a cabo por un profesional o equipo de profesionales integrado por pediatras, neurólogos, psicólogos y psicopedagogos, entre otros.

## 49. ¿Qué son los trastornos psicosomáticos?

Se puede definir a los trastornos psicosomáticos como aquellas perturbaciones o enfermedades que afectan al cuerpo y en cuyo desencadenamiento o evolución intervienen factores de orden emocional.

El trastorno psicosomático puede afectar a cualquier órgano del cuerpo en su función y también en su estructura. Puede ser moderado o grave, reversible o irreversible y hasta puede llegar a poner en riesgo la vida del individuo.

Los trastornos psicosomáticos -si bien no responderían a una modalidad específica de funcionamiento familiar- en su mayoría se manifiestan dentro de alguna de las estructuras donde prevalecen los vínculos endogámicos e indiscriminados y/o padres autoritarios. En ellas, los hijos no tienen un entorno adecuado para poder ir independizándose y asumir sus propios deseos y necesidades y convertirse en personas autónomas.

En estas familias uno o ambos padres pueden presentar las siguientes *características*:

◆ Atienden en especial las necesidades físicas del hijo pero no pueden decodificar las necesidades emocionales del mismo.

◆ Ponen el énfasis en los logros escolares y sociales del hijo pero están desconectados de las necesidades afectivas y posibilidades reales del niño.

◆ Atraviesan una intensa crisis emocional.

◆ Experimentan una pérdida afectiva importante.

◆ Necesitan adaptarse rápidamente a otro país u otro nivel socioeconómico.

Entre las conductas frecuentes de estas familias predominan la negación de los conflictos o el evitar hablar de ellos, la interacción rígida, poca espontaneidad y pautas de conducta inadecuadas a determinada situación o contradictorias entre sí. Todo esto, sumado a las expectativas desmedidas de los padres hacia los hijos, va generando un clima familiar tenso que impide el crecimiento de sus miembros. Un ejemplo simple son los niños a quienes habitualmente no se les permite socializar con otros, pero cuyos padres pretenden que cuando el hijo vaya a una fiesta se convierta de inmediato en el personaje más simpático y popular. Dado que el niño no ha tenido la posibilidad de ir aprendiendo de a poco la manera de interactuar en un grupo es probable que se sienta tenso e incómodo, y lo más seguro es que sea el menos buscado y el más solitario de todos los invitados.

El niño que padece una afección de origen psicosomático parece tener una estructura de personalidad particular; ante una situación que lo afecta, en lugar de pensarla por sí mismo para elaborarla se bloquea mentalmente y su impulso afectivo se manifiesta en el cuerpo a través de algún órgano, que funciona como válvula de escape para restablecer el equilibrio perdido. Esto puede tener su origen también en que cuando comienzan los trastornos no existe todavía el pensamiento o el habla, o en que sus padres conscientemente o inconscientemente no le *permiten* expresarse o no interpretan bien dichas expresiones.

Existe en especial un bloqueo de los impulsos agresivos. Ante una situación frustrante que genera agresión, la misma es descargada en el cuerpo: se autoagrede. Por ejemplo, cuando el niño es dejado en penitencia un fin de semana equivocadamente por un hecho que no cometió, si no se anima a defenderse y explicar que no fue su culpa (porque los padres no admiten que los cuestionen en su proceder por, ejemplo), el niño obediente, por temor, tendrá que reprimir su justificado enojo y *tragarse la bronca*. Estos impulsos agresivos de *rabia* que no pueden descargarse ni por medio de la palabra ni por medio de la acción buscarán otra vía de descarga, y uno de los modos puede ser afectando un órgano del cuerpo. Pueden aparecer trastornos de la alimentación como vómitos, falta o exceso de apetito o de sueño, enuresis, etcétera, que también suelen estar acompañados por sentimientos de tristeza o apatía.

En estos niños, habría una dificultad para hacer conscientes los afectos y sentimientos y también para expresarlos. Muchos de ellos, además, ignoran tempranamente las señales de su cuerpo (malestar en algún órgano, tensión muscular, agotamiento físico o mental, sueño, displacer, angustia, taquicardia, disnea) porque no las registran y se sobreexigen hasta que enferman.

El niño con tendencias psicosomáticas se acostumbra desde muy temprano a bloquear la percepción de sus propias necesidades e intenta satisfacer las de los padres y los de otras personas significativas. Establecen relaciones de tipo simbiótico por no tener una clara discriminación entre sí mismo y el otro, y tienden a recrear a lo largo de la vida vínculos de sometimiento pasivo a las demandas excesivas de las personas a quienes idealizan o consideran superiores. Lo paradójico es que, a su vez, si no se sienten exigidos no se sienten valiosos.

Suelen ser niños sobreadaptados a su entorno que no manifiestan grandes problemas ni de conducta ni de aprendizaje, pero frecuentemente son muy susceptibles y su autoestima es inestable, porque ésta depende en forma demasiado marcada de la valoración del otro.

En este contexto, el trastorno orgánico es una suerte de *protesta del cuerpo* (ya que no puede expresarse verbalmente), una señal que quiebra la sobreadaptación y obliga a tomar conciencia del propio organismo y a cuidarlo, o buscar que sea cuidado, ante los riesgos que estas enfermedades implican. De esta forma también evitan seguir siendo sobreexigidos por su entorno. Quizás se pueda agregar que un niño con un entorno de estas características (exigencias desmedidas, interacción rígida) puede descubrir –aunque no lo tenga muy consciente en su pensamiento ni haya sido ésa su intención original– que el estar enfermo le permite acceder al cuidado y los mimos de los padres, que estando sano no obtendría.

> → **Los trastornos o enfermedades psicosomáticas son patologías que afectan al cuerpo:**
>
> ✓ *En su desencadenamiento o evolución intervienen factores emocionales.*
>
> ✓ *El niño presenta un bloqueo mental del impulso afectivo, en especial de la agresión.*
>
> ✓ *El impulso agresivo se deriva directamente al cuerpo a través de algún órgano.*

Por último, debemos aclarar que sin poseer una predisposición o estructura psicosomática, cualquier persona puede enfermar ante una situación demasiado estresante. Recordemos que el estrés *normal* es una respuesta instintiva ante situaciones exigentes o peligrosas, que prepara al organismo para enfrentarlas mediante el ataque o la huida. Pero si estas situaciones se repiten o son muy intensas, producen un estrés patológico, que lleva a un agotamiento mental y nervioso muy perjudicial para el sujeto. Este estrés hace que el individuo se torne vulnerable a las enfermedades, que, según algunas investigaciones médicas pueden ir desde un simple resfrío hasta un cáncer. En estos casos, los factores que se combinan para el desencadenamiento de la enfermedad pueden ser genéticos, ambientales y emocionales.

Algunos autores consideran dentro de las enfermedades psicosomáticas ciertas formas de asma bronquial, psoriasis, úlcera gastroduodenal, colon irritable y hasta ciertos trastornos cardiovasculares. Otros incluyen a todas las enfermedades denominadas autoinmunes (diabetes, lupus, artritis reumatoidea, esclerosis múltiple, etcétera).

Si bien muchas de estas perturbaciones tienen un origen de orden emocional, otras veces pueden responder a causas exclusivamente orgánicas, por lo cual se hace necesario el diagnóstico diferencial por un equipo de profesionales médicos y psicólogos.

## 50. ¿Qué pueden hacer los padres ante la aparición de perturbaciones en el desarrollo?

De modo preventivo y para tratar de evitar la aparición de trastornos o propiciar una remisión rápida del mismo, cuando se trata de situaciones traumáticas (abuso, accidentes, catástrofes), lo más recomendable es hablar de lo sucedido apenas se tenga conocimiento de las mismas, ajustándose lo más posible a la realidad y cada vez que el niño lo requiera.

Es aconsejable que se utilice un tono neutro, sin dramatismos, pero en cambio se debe permitir y favorecer toda expresión de dolor, angustia o miedo por parte del niño. También hay que ayudarlo a expresar los sentimientos que los hechos traumáticos provocan, poniendo en palabras todo lo que el niño siente y no sabe cómo nombrar.

En caso de niños pequeños es conveniente proveerlos de juguetes, lápices, etcétera, para que a través del juego o el dibujo puedan descargar la angustia e ir superando la situación traumática.

> **→ Ante situaciones traumáticas, los padres deben:**
>
> ✓ *Hablar de lo sucedido.*
>
> ✓ *Ajustarse lo más posible a la realidad.*
>
> ✓ *Hablar cada vez que el niño/a lo requiera.*
>
> ✓ *Favorecer toda expresión de dolor, angustia o miedo por parte del niño/a.*
>
> ✓ *Proveer de sus juguetes habituales a los más pequeños.*

De igual modo, preventivamente, en las situaciones vitales o accidentales que pueden dar lugar a una crisis (el nacimiento de un hermano, la entrada al jardín, una mudanza, la pubertad, una intervención quirúrgica, una enfermedad grave, el divorcio de los padres, la adopción, la muerte de un ser querido) es indispensable que se le aclare al niño la situación en forma anticipada cuando esto sea posible, es decir, que se lo vaya preparando paulatinamente. Además, según la edad, es recomendable también ofrecerle juguetes para que exprese sus sentimientos a través de la actividad lúdica. No es necesario que estos juguetes tengan una relación especifica con el tema de la crisis que se está atravesando, ya que la capacidad simbólica del niño le permite dar a los juguetes el significado que él necesita en cada oportunidad.

En todos los casos hay que tener en cuenta que lo que más perturba al niño es lo incomprensible, lo oculto, lo no dicho, el engaño y la mentira, ya que el niño tiene igualmente una percepción –consciente o no– de la realidad, y su ocultamiento por parte de los padres sólo logra confundirlo. Por otro lado, cuando el niño es criado en un ambiente de secretos y ocultamientos, puede llegar a desarrollar estas inapropiadas conductas como forma de interactuar con el mundo circundante, pero también puede ser una víctima fácil del engaño por parte de otros, ya que le resulta difícil distinguir verdad de falsedad.

En general los padres tratan de disfrazar los acontecimientos dolorosos para evitarles el sufrimiento a sus hijos. Pero la verdad dicha de manera simple, en el momento oportuno y utilizando el lenguaje apropiado a la capacidad de comprensión del niño suele ser siempre lo más beneficioso y puede prevenir la aparición de trastornos.

Ahora bien, cuando el niño presenta trastornos que no son circunstanciales y perduran en el tiempo es conveniente la consulta con un profesional médico para descartar cualquier problema orgánico y luego, si fuera necesario, recurrir a algún método psicoterapéutico. En el caso de los niños puede ser beneficiosa la terapia familiar, ya que como dijimos la familia es una totalidad interdependiente y lo que le sucede a algún miembro afecta a todo el sistema, y el niño es absolutamente dependiente de la situación familiar. En la adolescencia –dado que el hijo está completando su proceso de individuación– es necesario lograr su consentimiento para llevar a cabo la terapia familiar.

**→ Ante trastornos que perduran en el tiempo:**
✓ *Consultar con el médico y con el psicólogo.*

Cuando la terapia familiar no es posible porque los padres no pueden o no quieren colaborar (situación frecuente cuando están separados y no hay buena relación entre ellos, por ejemplo), a veces se puede combinar la terapia individual del niño con entrevistas a los padres y/o una terapia de pareja en caso de que se trate de un matrimonio. En definitiva, es el terapeuta el que debe evaluar la situación y hacer las recomendaciones del caso.

La elección del terapeuta no es una tarea fácil. Se puede recurrir a algún centro hospitalario que cuente con servicio de psicopatología, a alguna institución de postgrado o colegio profesional que brinde atención psicoterapéutica. Es conveniente que el terapeuta no sea un amigo de la familia ni el que atiende a algún otro miembro de la misma –salvo que se trate de terapia vincular o familiar– dado que bajo estas circunstancias es difícil mantener la neutralidad necesaria para el buen resultado de la terapia. Pero si se considera que este terapeuta es un profesional capaz, sí se puede recurrir a él para que recomiende a un colega de su confianza. También se puede consultar con el pediatra. Muchos médicos trabajan en equipos interdisciplinarios y pueden recomendar a un terapeuta.

| **PARA REFLEXIONAR: Las perturbaciones del desarrollo** |
|---|
| Las perturbaciones del desarrollo pueden originarse en un acontecimiento traumático, en una situación de crisis o en el núcleo de una estructura familiar disfuncional. |
| En todos los casos hay que tener en cuenta que lo que más perturba al niño/a es lo incomprensible, lo oculto, lo no dicho, el engaño, la mentira. |
| Cuando el niño presenta trastornos que perduran en el tiempo es conveniente, después de descartar factores orgánicos, recurrir a alguna psicoterapia. |

# Consideraciones finales

Para que un niño se desarrolle normalmente necesita de una provisión básica de aportes físicos (vivienda, alimentos, ejercicios, todo lo relacionado con el desarrollo corporal) y psicosociales (estimulación afectiva e intelectual por medio de la interacción en la familia, en la escuela, en el trabajo, en instituciones sociales). Estos aportes deben ser apropiados a cada etapa del desarrollo –y a las eventuales situaciones de crisis que ocurran en ellas–, para lo cual es necesario que la familia y la sociedad intervengan continuamente.

Podemos decir que los primeros años de vida serán determinantes en el futuro del niño. Para que un niño se desarrolle adecuadamente, los padres deberán propiciar su evolución desde una total dependencia inicial hasta llegar a la independencia propia del adulto. Debemos recordar que para llevar a cabo en forma eficaz las funciones parentales, los padres deberán superar lo que ya hemos descrito como *endogamia*, proceso que implica para los progenitores separarse de sus familias de origen para consolidarse como pareja con sus propias normas. Sólo así podrán generar el espacio propicio que el hijo necesitará para crecer de un modo armonioso y saludable. Esta laboriosa tarea

—que los padres deben llevar adelante con amor y dedicación— comprende fundamentalmente cinco *áreas*:

- **Área corporal:** abarca básicamente la alimentación, el sueño, el lenguaje, la locomoción, la higiene, el abrigo, la sexualidad, el ejercicio físico y la protección ante los peligros.

- **Área emocional:** incluye, entre otras, el desarrollo de la autoestima, el respeto, la confianza, la expresión y el control de los afectos (amor, agresión, celos, tristeza).

- **Área laboral:** comprende las tareas escolares, las tareas del hogar y la capacitación para el trabajo.

- **Área recreativa:** se refiere a las actividades lúdicas, artísticas y deportivas, entre otras.

- **Área social:** implica el aprendizaje de las relaciones con las demás personas: familia, amigos, pareja, conocidos, compañeros, vecinos, relaciones laborales, etc.

Es preciso aquí mencionar brevemente a Erikson, para quien existen ocho etapas en el desarrollo psicológico y social de los individuos, que abarcan desde el nacimiento hasta la vejez. Se las denomina *Las ocho edades del hombre*. En cada una de estas fases está la posibilidad de progreso o de estancamiento en la vida del niño y de cada ser humano, dependiendo de la constelación de factores en la interacción del sujeto con el mundo exterior.

Cada una de estas etapas, si logra su objetivo, prepara las condiciones para la siguiente, o por el contrario, produce conflictos no resueltos o estancamiento.

Sin querer ahondar en el diagrama epigenético, mencionaremos aproximadamente las *edades* correspondientes:

- Confianza básica versus desconfianza (*Oralidad: 0 a 1*).

- Autonomía versus vergüenza y duda (*Analidad:1 a 3*).

- Iniciativa versus culpa (*Genitalidad infantil: 3 a 5* ).

- Industria versus inferioridad (*Escolaridad: 5 a 11*).

- Identidad versus confusión de rol (*Pubertad-Adolescencia*).

- Intimidad versus aislamiento (*Preadultez*).

- Generatividad versus estancamiento (*Adultez*).

- Integridad del Yo versus disgusto o desesperación (*Madurez*).

Debemos enfatizar que el amor y el conocimiento junto a la intuición, la creatividad y la prudencia son fundamentales para que los padres —que saben escuchar los deseos y atender las necesidades del hijo— lo ayuden a crecer, teniendo en cuenta que el niño deberá lograr, al finalizar la adolescencia, la capacidad necesaria para desenvolverse adecuadamente en la vida.

Para realizarse plenamente, el hijo deberá poder desplegar todas sus posibilidades —basadas en sus características individuales, deseos, sentimientos, etcétera—. A la vez deberá encontrar el modo de relacionarse en el mundo de manera tal que, siendo único y especial, y sin someter ni ser sometido, pueda compartir armoniosamente la vida con los demás.

# Derechos del niño

Por último, no queremos dejar de recordar *La Convención sobre los Derechos del Niño*, adoptada por la Asamblea General de las Naciones Unidas en 1989, que certifica que los niños son sujetos de derecho. A los efectos de esta Convención se considera *niño* a todo sujeto menor de dieciocho años.

El niño goza, principalmente, de los siguientes *derechos*:

◆   Derecho a la igualdad sin distinción de raza, credo o nacionalidad.

◆   Derecho a una protección especial para su desarrollo físico, mental y social.

◆   Derecho a un nombre y una nacionalidad.

◆   Derecho a una alimentación, vivienda y atención médica adecuada para el niño y la madre.

◆   Derecho a una educación y cuidados especiales para el niño física o mentalmente disminuido.

- Derecho a comprensión y amor por parte de los padres y la sociedad.

- Derecho a recibir educación gratuita y a disfrutar de los juegos.

- Derecho a ser el primero en recibir ayuda en caso de desastre.

- Derecho a ser protegido contra el abandono, la explotación en el trabajo y el abuso sexual, físico o mental.

- Derecho a formarse en un espíritu de solidaridad, comprensión, amistad y justicia entre los pueblos.

- Derecho a la libertad de expresión; buscar, recibir y difundir ideas.

- Derecho a obtener información para promover su bienestar.

- Derecho a expresar su opinión en los asuntos que lo afecten (de acuerdo a su edad y madurez).

# Bibliografía

AJURIAGUERRA, J. *Manual de Psiquiatría Infantil.* Ed. Toray-Masson. Barcelona, 1980.

ALVAREZ, R; BERTELLA, A; y otros. *Familia y Salud.* Lugar Editorial. Bs. As., 1994.

AMERICAN PSYCHIATRIC ASSOTIATION. DSMIV. *Manual Diagnóstico y Estadístico de los Trastornos Mentales.* Ed. Masson. Barcelona, 1995.

ANDERSON, C. *Building blocks to strengthen families.* Illusion Theater. Minneapolis, 1986.

BEKEI, M. comp. *Lectura de lo Psicosomático.* Lugar Editorial. Bs. As., 1996.

BERENSTEIN, I. *Psicoanálisis de la Estructura Familiar.* Ed. Paidós. Barcelona, 1981.

BLEICHMAR, H. *Avances en psicoterapia psicoanalítica.* Ed. Paidós, Bs. As. 2005.

BLOS, P. *Psicoanálisis de la Adolescencia.* Ed. Joaquín Mortiz. México D.F., 1981.

CAPLAN, G. *Principios de Psiquiatría Preventiva.* Ed. Paidós. Barcelona, 1985.

DINER, M. *Abuso Infantil: La Guía de Prevención y Detección.* Ed. Pdaxpert. USA, 2006.

DOLTO, F. *La dificultad de vivir.* Ed. Gedisa. Bs. As. , 1982.

ERIKSON, E. *Infancia y Sociedad.* Ed. Horme. Bs. As., 1985.
FENICHEL, O. *Teoría Psicoanalítica de las Neurosis.* Ed. Paidós. Bs. As., 1966.
FREUD, A. *Normalidad y patología en la niñez.* Ed. Paidós. Bs. As., 1981.
FREUD, S. *Tres ensayos de teoría sexual.* (Obras Completas Vol. VII) Amorrortu Ed. Bs. As., 1980.
GARDNER, H. *Inteligencias múltiples.* Ed. Paidós. Bs. As., 2003.
GESSELL, A; AMATRUDA, C. *Diagnóstico del desarrollo normal y anormal.* Ed. Paidós. Bs. As., 1981.
GORDON, J. *A better safe than sorry book.* E. U-Press. New York,1984.
GUTTON, P. *El juego de los niños.* E. Nova Terra. Barcelona, 1976.
HARRIS, M. y colab. *Su hijo año a año.* Ed. Paidós. Barcelona, 1985.
KREISLER, L; FAIN, M; SOULE, M. *El niño y su cuerpo.* Amorrortu Editores. Bs. As., 1977.
LACAN, J. *Formaciones del inconsciente.* Ed. Nueva Visión. Bs. As., 1972.
LANGER, M. *Maternidad y sexo.* Ed. Paidós. Bs. As., 1980.
LEVY-STRAUSS, C. *Antropología Estructural.* Ed. EUDEBA. Bs. As., 1984.
LIBERMAN, D; GRASSANO, E. y otros. *Del cuerpo al símbolo.* Ed. Kargieman. Bs. As. ,1982.
LUZURIAGA, I. *La inteligencia contra sí misma.* Ed. Psique. Bs. As., 1983.
MAHLER, M. y otros. *El nacimiento psicológico del infante humano.* Ed. Marymar. Bs. As., 1975.
MALDONADO, María Teresa y otros: *Nosotros estamos embarazados.* Ed. Trieb. Bs. As. 1984.
MINUCHIN, S; FISHMAN. *Técnicas de terapia familiar.* Ed. Paidós. Barcelona, 1984.
PIAGET, J. *Seis estudios de psicología.* Ed. Barral. Barcelona, 1972.
POPE, A. y colab. *Mejora de la autoestima.* Ed. M. Roca. Barcelona, 1996.
RICHMOND, P. G. *Introducción a Piaget.* Ed. Fundamentos, Madrid, 1974.
SALAS, E; ABERASTURY, A. *La paternidad.* Ed. Kargierman. Bs. As. ,1984.
SLUZKI, C. *La red social: frontera de la práctica sistémica.* Ed Gedisa. Barcelona, 2002.
SOCIEDAD ARGENTINA DE PEDIATRIA. *Guía para la supervisión de la salud de niños y adolescentes.* Bs. As., 2002.
SOIFER, R. *Psicodinamismos de la familia con niños.* Ed. Kapelusz. Bs. As. 1980.
SPITZ, R. *El primer año de vida del niño.* Ed. Aguilar. Madrid, 1961.
STONE, J. L; CHURCH, J. *Niñez y Adolescencia.* Ed. Horme. Bs. As., 1981.
WINNICOTT, D. *Escritos de Pediatría y Psicoanálisis.* Ed. Laia. Barcelona, 1979.

# Otros títulos de la colección
## *Colección Divulgación infantil*

Yoga. Aprende y diviértete.

Yoga para niñas y niños.

Gripe A prevención para niños y niñas.

Maltrato a mujeres para niñas y niños.

Diabetes para niñas y niños.

El libro de las cochinadas.

Introducción al Yoga.

La autoprotección infantil. Cómo lograr que los niños aprendan a protegerse.

Respuestas a 50 preguntas básicas para entender y criar a los hijos.

# Reseñas

Mª Luisa Pérez Conde
*Enfermera, Cádiz*
Colección: Guías de Psicología y Salud
ISBN: 978-84-9976-267-8
124 páginas

### Alimentación del niño durante el primer año

Éstas páginas nos transmiten ilusión y confianza para fomentar hábitos de alimentación saludables que ofrezcan bienestar y salud a vuestros hijos desde si primer contacto con los alimentos.

Gema Santaella Moreno
*Enfermera, Málaga*
Colección: Guías de Psicología y Salud
ISBN: 978-84-9976-901-1
94 páginas

### Anorexia y bulimia

En qué consisten, qué tipos de trastornos de conducta alimentaria existen, causantes... para focalizar parte del tratamiento y evitar padecerlas.

Marta Zamora Pasadas
*Enfermera pediátrica y neonatal, Marbella (Málaga)*
Colección: Guías de Psicología y Salud
ISBN: 978-84-9976-522-8
84 páginas

### Asma ¿por qué el niño no respira bien?

Es la enfermedad crónica más común en los niños. No tiene cura pero si se tiene bien controlada, vuestro/a hijo/a podrá llevar una vida normal. La clave: estar bien informados.

### Autismo ¿por qué?

Marta Zamora Pasadas
*Enfermera pediátrica y neonatal, Marbella (Málaga)*
Colección: Guías de Psicología y Salud
ISBN: 978-84-9976-521-1
106 páginas

#### Autismo ¿por qué?

El autismo es un trastorno del aprendizaje social y comunicativo. Se mantiene toda la vida, no se cura, pero puede mejorar bastante con la educación y el tratamiento especializado e individualizado.

### Desarrollo psicoevolutivo del niño I

Asela Sánchez Aneas
*Psicóloga y Logopeda, Granada*
Colección: Guías de Psicología y Salud
ISBN: 978-84-9976-519-8
128 páginas

#### Desarrollo psicoevolutivo del niño I

Desde que nace, el niño está en continuo proceso de desarrollo en el que va construyendo, poco a poco, su inteligencia y toda su estructura psicológica.

### Desarrollo psicoevolutivo del niño II

Asela Sánchez Aneas
*Psicóloga y Logopeda, Granada*
Colección: Guías de Psicología y Salud
ISBN: 978-84-9976-520-4
140 páginas

#### Desarrollo psicoevolutivo del niño II

¿Cuándo y cómo se produce el pensamiento abstracto? ¿Qué factores influyen en el progreso de la conducta y qué podemos hacer para favorecer los comportamientos apropiados?